Königs Erläuterungen und Materialien
Band 145

Erläuterungen zu

Max Frisch

Andorra
Stück in zwölf Bildern

von Peter Pfützner

C. Bange Verlag – Hollfeld

Herausgegeben von Klaus Bahners, Gerd Eversberg
und Reiner Poppe

> Hinweis der Herausgeber:
>
> Die Rechtschreibung wurde der amtlichen Neuregelung angepasst.
> Zitate wurden in der alten Schreibweise übernommen!

6. durchgesehene Auflage 1997
ISBN 3-8044-0426-X
© 1986 by C. Bange Verlag, 96142 Hollfeld
Alle Rechte vorbehalten!
Printed in Germany

INHALT

Vorbemerkungen zur Neuauflage 5

1. Zu Max Frisch – Leben und Werk
1.1 Eigenwilligkeiten 6
1.2 Lebensdaten – Übersicht 8
1.3 Bibliographische Daten 10

2. Frisch und das Brechttheater 12

3. Zum Stück
3.1 Schlüsseltexte aus dem Tagebuch 1946-1949 17
3.2 Die Entstehung des Stückes 21
3.3 Gang der Handlung mit Szenenkommentaren 25
3.4 Sachliche und sprachliche Erläuterungen 52
3.5 Die Personen
3.5.1 Der hypothetische Jude Andri 57
3.5.2 Die Nicht-Zeugen 61
3.5.3 Die Zeugen 67

4. Aspekte zur Diskussion
4.1 Modell und Bildnis 72
4.2 Stückplan und Symbole 77

5. Stimmen der Kritik 82

6. Literatur (-Auswahl-) 85

VORBEMERKUNG ZUR NEUAUFLAGE

MAX FRISCH zu lesen, führt immer wieder zu einem Stück Selbsterfahrung. Wo stehe ich mit meinen Ansichten, mit meinen Anschauungen und Gefühlen in der Welt? Wie berührt mich das Schicksal des Andri in unseren Tagen, wo die Gewalt von rechts sich formiert und die Parole „Ausländer raus!" einhergeht mit Brandgewalt und dem fast sehnsüchtig formulierten Gedanken: „Wenn doch ein Mann wie Hitler wiederkäme, dann wären wir das Gesocks schnell los!" – Hört man das nicht immer öfter, und was tun wir dagegen? – Doch nicht die politisch motivierte Gewalt allein bedroht unseren Alltag: Gewalt ist überall und vielfach auch ihre Billigung.

Hüten wir uns vor der Gewalt – vor der Gewalt der Gedanken und der Gewalt der Tat! Ergreifen wir Partei für die Bedrohten und finden zu uns selbst, zu dem, was in uns menschlich ist!

Hast du deine Identität schon gefunden, wiedergefunden? Tolerierst du die des anderen, und mag sie noch so anders sein? Mehr noch: Trittst du für sie ein?

Wir wünschen dem Leser, besonders dem jungen Leser, dass ihm viele Fragen kommen, wenn er Frischs „Andorra" liest, und dass unsere ERLÄUTERUNGEN und MATERIALIEN ihm helfen, Antworten in seinem Kopf und in seinem Herzen zu finden.

Hollfeld 1994

1. ZU MAX FRISCH – LEBEN UND WERK

1.1 Eigenwilligkeiten

In den frühen sechziger Jahren unseres Jahrhunderts erfährt das deutsche Drama in zunehmendem Maße wieder ein internationales Echo, nachdem es die Erstarrung von etwa zwei Jahrzehnten überwunden hat. Namen wie Hochhuth, Weiss, Walser und Kipphardt markieren jene Aufschwungphase in der bühnenliterarischen Entwicklung. Nicht wenige andere bleiben hier ungenannt. Sie alle gehören einer Generation von Schriftstellern an, die sich eineinhalb Jahrzehnte nach Kriegsende geradezu zwanghaften Forderungen der Zeitstimmung gegenübersieht.

Auf schier unlösbare Weise scheint sie mit dem historischen Phänomen der nationalsozialistischen Diktatur verbunden.

Die Auseinandersetzung mit Ursachen und Konsequenzen der Hitler-Herrschaft dominiert zeitweise Stoffwahl und dramaturgische Konzeption ihres Werks. Walsers „Eiche und Angora" (1962), Hochhuths „Stellvertreter" (1963), Kipphardts „Joel Brand. Geschichte eines Geschäfts" (TV 1964) und Weiss' „Ermittlung" (1965) mögen hier als beredte Belege genügen.

Eine deutsche Dramatik, von Deutschen in Deutschland geschaffen, vermag sich in den frühen sechziger Jahren nicht aus der historischen Konkretheit entlassen, zumal sie in gezieltem Gegensatz steht zur prägenden Dramatik dieser Zeit: dem absurden Theater.

Ganz anders hingegen die Situation der deutschsprachigen Nichtdeutschen Dürrenmatt und Frisch: Als Schweizer nicht mit der Last völkischer Schuld befrachtet, treten sie gesellschaftlichen Entwicklungen mit der Unbefangenheit scharfsichtiger Moralisten gegenüber. Ihr Werk hebt in einer allgemeinen Kapitalismus-Kritik die konkret historisch fixierte Auseinandersetzung mit dem Faschistischen auf.

Wandelnd auf den Spuren Brechts, Wilders und Steinbecks, finden sie in der Parabel jene dramatische Form, die vortrefflich geeignet erscheint, Grundsätzliches auf allgemein gültige Weise zu betrachten: die Entlarvung bürgerlicher Willfährigkeit gegenüber den Bedrohungen der Zeit in Frischs „Biedermann und die Brandstifter" (1958), die Verantwortung des Wissenschaftlers in Dürrenmatts „Die Physiker" (1961) mit dem nachfragewürdigen Untertitel „Lehrstück ohne Lehre".

Auch das im Spätherbst 1961 am Züricher Schauspielhaus uraufgeführte Stück in zwölf Bildern **„Andorra"** verdient mit Fug und Recht, ein „Lehrstück" genannt zu werden, obendrein eines von literarischem Rang und hochpolitisch dazu.

Wo sich „Biedermann und die Brandstifter" der kapitalistischen Geschäftsmoral kritisch widmet, geht „Andorra" entschieden weiter und nimmt vor dem historischen Hintergrund des nazistischen Rassenwahns jene Mechanismen des Diktatorischen aufs Korn, die dort wirken, wo Minderheiten gepresst, unterworfen oder physisch dezimiert werden.

Im Juni 1986 der 49. Internationale PEN-Kongress in Hamburg – zum dritten Male auf deutschem Boden übrigens, seit es diese Institution der Schriftsteller gibt. Wenn der Präsident der Bundesrepublik Deutschland, Richard von Weizsäcker, in seiner Begrüßungsansprache von der „natürlichen Spannung zwischen Literatur und Politik" sprach, so gilt dieses Wort in ganz besonderer Weise – freilich mit weit über das Tagespolitische hinausweisendem Sinnbezug – gerade für „Andorra".

In Frischs „Anmerkungen zu Andorra" findet sich der Satz: „Es braucht kein Anti-Illusionismus demonstriert zu werden, aber der Zuschauer soll daran erinnert bleiben, daß ein Modell gezeigt wird, wie auf dem Theater eigentlich immer" (Stücke, Band 2, S. 347).

Bei der Entschlüsselung und Aneignung dieses Modells redlich zu helfen, ist das Hauptanliegen unserer Erläuterungen. Es geht keineswegs vorrangig um Vergangenheitsbewältigung, sondern wenigstens ebenso sehr um Heutiges, Gelebtes und Zukünftiges. Es geht um Zeit-Theater im positivsten Sinne des Wortes. Aber man hüte sich vor plakativem Missverstehen: Wir haben es schließlich mit Max Frisch zu tun.

1.2 Lebensdaten – Übersicht

1911	15. Mai als Sohn eines Architekten in Zürich-Hottingen geboren
1924-1930	Realgymnasium in Zürich bis zur Hochschulreife
1931-1933	Studium der Germanistik an der Universität seiner Vaterstadt; Abbruch des Studiums aus finanziellen Gründen; Aufnahme einer freien Journalistentätigkeit; Reiseberichte über Ungarn, Balkanstaaten, Türkei
1936-1941	Architekturstudium an der Eidgenössischen Technischen Hochschule in Zürich bis zum Erwerb des Diploms
1938	Conrad-Ferdinand-Meyer-Preis
1939-1945	Ableistung der Militärdienstpflicht im Grenzdienst
1942	Heirat mit Constanze von Meyenburg; Gründung eines Architekturbüros in Zürich; danach für längere Zeit Doppelberuf als Architekt und Schriftsteller
1946	Aufenthalte in Deutschland, Italien und Frankreich
1948	Aufenthalte in Prag, Berlin und Warschau; Bekanntschaft mit Bertolt Brecht während dessen Aufenthalt am Genfer See
1950	Studienreise
1951	USA-Reise, Rockefeller-Stipendium
1954	Auflösung des Architekturbüros; Ausüben des Schriftstellerberufs
1955	Wilhelm-Raabe-Preis

1956	erneute USA-Reise
1957	Arabien-Reise
1959	Scheidung von Constanze von Meyenburg
1960-1965	Wohnsitz in Rom
1962	Georg-Büchner-Preis; Großer Kunstpreis von Nordrhein-Westfalen; Dr. honoris causa der Philipps-Universität Marburg
1965	Übersiedlung in den Tessin; Schiller-Preis des Landes Baden-Württemberg; Reise nach Israel
1966	Aufenthalte in der UdSSR und in Polen
1968	erneute UdSSR-Reise
1969	Reise nach Japan
1970	erneute Reise in die USA
1986	internationale Würdigung zum 75. Geburtstag des Dichters
1987	Die TU Berlin ernennt Frisch zum Ehrendoktor. Zusammen mit F. Dürrenmatt nimmt er an einem „Internationalen Forum für den Frieden" teil (Moskau)
1989	M. Frisch wird mit dem Heinrich-Heine-Preis der Stadt Düsseldorf ausgezeichnet.
1991	Max Frisch stirbt am 4. April in Zürich.

1.3 Bibliographische Daten

1934	Jürg Reinhart
1937	Antwort aus der Stille
1940	Blätter aus dem Brotsack
1943	Bin oder die Reise nach Peking Santa Cruz
1946	Nun singen sie wieder J'adore ce qui me brûle oder Die Schwierigen Marion und die Marionetten
1947	Die Chinesische Mauer Tagebuch mit Marion
1949	Als der Krieg zu Ende war
1950	Tagebuch 1946-1949
1951	Graf Öderland
1953	Don Juan oder Die Liebe zur Geometrie Rip van Winkle Herr Biedermann und die Brandstifter
1954	Stiller
1955	Achtung: Die Schweiz
1957	Homo Faber
1958	Biedermann und die Brandstifter Die große Wut des Philipp Hotz
1959	Schinz Glossen zu Don Juan

1961	**Andorra**
	Erzählungen des Anatol Stiller
1963	Ausgewählte Prosa
1964	Mein Name sei Gantenbein
1966	Zürich-Transit
1967	Biografie: Ein Spiel
	Erinnerungen an Brecht
1968	Öffentlichkeit als Partner
1969	Dramaturgisches
1971	Wilhelm Tell für die Schule
1972	Tagebuch 1966-1971
1975	Montauk
1979	Triptychon
1982	Blaubart
1983	Forderungen des Tages. Portraits, Skizzen, Reden 1943-1982.
1989	Schweiz ohne Armee? Ein Palaver. Uraufführung unter dem Titel „Jonas und sein Veteran" in Zürich am 19.10. in deutscher, in Lausanne am 20.10. in französischer Sprache.
1990	Schweiz als Heimat? Versuche über 50 Jahre.

2. FRISCH UND DAS BRECHTTHEATER

Als Bertolt Brecht aus der Emigration in den USA nach Europa zurückkehrte, hatte er von mehr als dreißig Bühnenstücken, die aus seiner Feder stammten, nahezu die Hälfte noch nie auf einer Bühne gesehen. Die Theorie des ‚epischen Theaters' – später verwendete Brecht bevorzugt die Bezeichnung ‚dialektisches Theater' – verstand er selbst wohl am wenigsten als ein in starre Regeln gegossenes Unabänderliches, wenngleich es am handlichen Regelwerk keineswegs mangelte: 1949 erschien das ‚Kleine Organon für das Theater'. In siebenundsiebzig thesenhaft gefassten Abschnitten fixierte es die Positionen des Brechttheaters, wie sie sich in mehr als zwei Jahrzehnten währender Ausformung gebildet hatte und dazu bestimmt waren, bis zum allzu frühen Tode ihres Schöpfers 1956, in der Feuerprobe praktischer Theaterarbeit am ‚Berliner Ensemble' sich fortzuentwickeln.

Auf seinem Rückweg aus dem amerikanischen Exil machte Brecht für ein halbes Jahr Station am Züricher See, bevor er im August 1948 nach Ostberlin, seiner neuen Wahlheimat, übersiedelte. In dieser Zeit kamen sich Brecht und Max Frisch sehr nahe.

„...anstrengend wie wohl jeder Umgang mit einem Überlegenen..." sei ihre Bekanntschaft gewesen[1], gesteht der Schweizer in einer Tagebuchnotiz, und er hat dabei die nicht selten provokante Dialektik Brechts im Sinn: „Meinerseits habe ich dort, wo Brecht mit seiner Dialektik mattsetzt, am wenigsten von unserem Gespräch; man ist geschlagen, aber nicht überzeugt."[2]

Auf rund zehn Druckseiten seines ‚Tagebuchs 1946-1949'[3] charakterisiert der Dichter Frisch den Dichter Brecht. Einen „Jesuiten des Diesseits"[4] sieht er in ihm, einen „Dichter ohne Weihrauch"[5]. Und auch

---

[1] Frisch, Tagebuch 1946-1949, S. 285
[2] a. a. O., S. 286
[3] a. a. o., S. 285-293
[4] a. a. O., S. 288
[5] a. a. O., S. 293

dies gehört zum Bilde: „Am besten klappt unser Umgang, wenn das Gespräch, das Brecht immer auch den Einfällen und Bedürfnissen des andern überlässt, um Fragen des Theaters kreist, der Regie, der Schauspielerei, Fragen auch des schriftstellerischen Handwerks..."[6] Brecht hat ihm das Manuskript des ‚Kleinen Organon' zugänglich gemacht, und Max Frisch, der ja doch zu diesem Zeitpunkt noch unterwegs ist, ein Dramendichter zu werden – bislang dominiert Prosa in der Bibliographie – fühlt sich gepackt: „Was Brecht in seinem Organon schreibt über den ‚Verfremdungseffekt', nämlich: die theatralische Verfremdung solle den gesellschaftlich beeinflussbaren Vorgängen den Stempel des Vertrauten wegnehmen, der sie heute vor dem Eingriff bewahrt – ferner: der Zuschauer soll sich nicht einfühlen, es soll verhindert werden, dass das Spiel ihn in Trance versetzt, sein Vergnügen soll vielmehr darin bestehen, dass ihm im Spiel gewisse Vorgänge, die ihm vertraut sind und geläufig, verfremdet werden, damit er ihnen nicht als Hingerissener, sondern als Erkennender gegenüber sitzt, erkennend das Veränderbare, erkennend die besondere Bedingtheit der Handlung, genießend das höhere Vergnügen, dass wir eingreifen können, produzierend in der leichtesten Weise, denn die leichteste Weise der Existenz (sagt Brecht) ist in der Kunst...Es wäre verlockend, all diese Gedanken auch auf den erzählenden Schriftsteller anzuwenden;[7] Verfremdungseffekt mit sprachlichen Mitteln, das Spielbewusstsein in der Erzählung, das Offen-Artistische, das von den meisten

---

6   a. a. O., S. 291
7   Mit direkter Beziehung auf Frischs Tagebucheintragung zum ‚Kleinen Organon' sieht Hans Geulen in seiner Dissertation „Max Frischs ‚Homo Faber'" dieses Experiment als verwirklicht an: „Wir sind der Meinung, dass der Faber-Roman einen solchen Versuch der Anwendung von Verfremdung und Desillusionierung darstellt. Die Einfühlung des Lesers wird durch den Berichterstatter in mehr als einer Beziehung verhindert. Überall da, wo er gewohnt ist, sich hinreißen zu lassen, wird er enttäuscht oder herausgefordert...Der Roman wird zum Bericht verfremdet, das Gewohnte zum Ungewohnten, das Erwartete zum Unerwarteten. Anderseits aber verhilft dieser Bericht infolge der Aufhebung oder Umfunktionierung von Spannung dazu, das Geschehen rein, will sagen: unabhängig von einer subjektiven Verzerrung anzuschauen." (Hans Geulen, Max Frischs ‚Homo Faber'. Studien und Interpretationen, S. 54)

Deutschlesenden als ‚befremdend' empfunden und rundweg abgelehnt wird, weil es ‚zu artistisch' ist, weil es die Einfühlung verhindert, das Hingerissensein nicht herstellt, die Illusion zerstört, nämlich die Illusion, dass die erzählte Geschichte ‚wirklich' passiert sei usw."[8]

Gipfeln lässt Max Frisch das Charakterbild Brechts in einer Lobpreisung intellektueller Redlichkeit: „Seine Proben haben nie die Luft eines Boudoirs, sondern einer Werkstatt. Auch sonst hat Brecht dieses Ernsthaft-Bereitwillige, das keine Schmeichelei ist und auch keine duldet, das Überpersönlich-Bescheidene eines Weisen, der an jedem lernt, der über seinen Weg geht, nicht von ihm, aber an ihm."[9]

Hier äußert sich sichtlich ein Beeindruckter, der starke Impulse empfangen hat, der fortan unter dem Einfluss seines unbequemen Gegenübers wirken und schaffen wird. Freilich nicht im Sinne bloßer Nachfolgeschaft bei Übernahme der reinen Lehre, wohl aber im Zeichen produktiver Aneignung und Auseinandersetzung. Nicht blindäugige Gefolgschaft und das Indienststellen des eigenen Werkes prägen Frischs Verhältnis zum Brechttheater, sondern in aller Eindeutigkeit die Inanspruchnahme für das eigene Werk.

Gewisse Züge des Verhältnisses zwischen Thomas Mann und dem Dreigestirn Wagner-Nietzsche-Schopenhauer scheinen anzuklingen. So überaus deutlich die Einflüsse Brechts in der Dramatik Max Frischs hervortreten, so fundamental unterschiedlich stellen sich die geistigen Standorte und Wirkungsabsichten ihrer Werke dar.

Brecht, der Marxist, ist von der Realisierbarkeit eines vollkommenen Gesellschaftszustands unbeirrbar überzeugt. Seine Kunst will diese neue Gesellschaft geistig vorbereiten. Sie ist ihrem Wesen nach optimistisch.

---

8   Frisch, Tagebuch 1946-1949, S. 294
9   a. a. O.

Max Frisch, ein Zweifler an der Wirksamkeit des Poeten, sagt ideologisch erstarrten Klischees den Kampf an. Wenn er seinem Berufsstande verändernde Kraft überhaupt zutraut, dann im Hinblick auf des Zersetzen von Phrasen, Stereotypen und Ideologien. Ansonsten gilt Pessimistisches.

So lesen wir bei Brecht:

> „Verehrtes Publikum, los such dir selbst den Schluß!
> Es muß ein guter da sein, muß, muß, muß!"
>
> (Der gute Mensch von Sezuan, Epilog)

So lesen wir bei Frisch:

> „Hat denn unsereiner, ein Intellektueller,
> jemals das Verhängnis abzuwenden vermocht,
> nur weil er voraussieht?"
>
> (Die chinesische Mauer)

Eine gültige Untersuchung jener Fragen, die mit der Position Max Frischs zum Brechttheater einhergehen, ist im vorliegenden weder beabsichtigt noch möglich. Wenngleich wir uns mit umrißhafter Abbildung begnügen müssen, sei für speziell Interessierte auf zwei Veröffentlichungen hingewiesen, die im vorstehenden Zusammenhang von Gewicht sind.

Manfred Durzak widmet in seinem Buch ‚Dürrenmatt. Frisch. Weiss. Deutsches Drama der Gegenwart zwischen Kritik und Utopie' das Kapitel ‚Poetik des Möglichkeitstheaters' (S. 145-156) dem Wege Max Frischs zum Schriftstellerberuf. Ausführlich setzt er sich unter der Überschrift ‚2. Contra Brecht: Veränderung als ästhetische Kategorie' (S. 148-152) mit dem Frisch-Aufsatz ‚Der Autor und das Theater' auseinander, in welchem gegen Brechts These von der notwendigen Abbildbarkeit der Welt auf dem Theater polemisiert wird. ‚Ich-Erkundung' und ‚Dramaturgie des Zweifels' sind die Überschriften der abschließenden Kapitel-Teile formuliert, den Bezug zu unserem Gegenstand anklingen lassend.

Ursprünglich war ‚Der Autor und das Theater' als Rede gehalten worden bei der Eröffnung der Frankfurter Dramaturgen-Tagung 1964. Als Aufsatz wurde der Text in die Sammlung ‚Öffentlichkeit als Partner' einbezogen und in der ‚edition suhrkamp' Band 209 veröffentlicht (S. 68-89). Faszinierend lebendig setzt sich Frisch mit der Relevanz des Theaters auseinander. Er geht dabei deutlich auf Distanz zu grundsätzlichen Postulaten der Brechtianer: „Wie immer das Theater sich gibt, ist es Kunst: Spiel als Antwort auf die Unabbildbarkeit der Welt. Zwar tut sein Theater, als zeige es, und Brecht hat immer neue Mittel gefunden, um zu zeigen, dass es zeigt. Aber außer der Gebärde des Zeigens: was wird gezeigt? Sehr viel, aber nicht die vorhandene Welt, sondern Modelle der brecht-marxistischen These, die Wünschbarkeit einer anderen und nichtvorhandenen Welt: Poesie."[10]

Zwischen den Tagebucheintragungen von 1948 und der Frankfurter Rede rund eineinhalb Jahrzehnte später liegen die Stationen des Biedermann-Stücks und des Andorra-Modells, auf eigene, eindringliche Weise markierend, was der Dichter Max Frisch aus dem dialektischen Theater jenes Bert Brechts für sich zu nutzen wusste, den er einst, um die Zeit ihrer jungen Bekanntschaft als „einen Mann mit befristeten Aufenthalten" erkannte[11]: „In ‚Biedermann und die Brandstifter' wird der Einfluß Brechts dann am deutlichsten; es muss als dasjenige Stück Frischs gelten, das am genauesten den Regeln des epischen Theaters entspricht. Hier wirkt das Lehrstück als sozialpolitische Demonstration. Die Hypothese einer pädagogischen Parabel erfährt ihre dialektische Inszenierung. Im wesentlichen erweist sich das Schauspiel als praktische Kritik an der Gesellschaft.

Mit ‚Andorra' geht Frisch eigene Wege. Hier überspielt er die Konvention des epischen Theaters. Das Neuartige des Werkes, und damit ein entschiedener Höhepunkt in der Entwicklung Frischscher Dramaturgie, liegt in der Aufgabe des erzählerischen Stiles zugunsten eines Versuches, durch perspektivierte Handlung dramatisch zu analysieren. (...) Man könnte provokatorisch behaupten, das epische Theater werde in ‚Andorra' durch eine neue dramatische Form karikiert."[12]

---

10 Max Frisch, Öffentlichkeit als Partner, S. 76
11 Tagebuch 1946-1949, S. 293
12 Manfred Jurgensen, Max Frisch. Die Dramen, S. 83

3. ZUM STÜCK

3.1 Schlüsseltexte aus dem Tagebuch 1946-1949

Du sollst dir kein Bildnis machen

Es ist bemerkenswert, daß wir gerade von dem Menschen, den wir lieben, am mindesten aussagen können, wie er sei. Wir lieben ihn einfach. Eben darin besteht ja die Liebe, das Wunderbare an der Liebe, daß sie uns in der Schwebe des Lebendigen hält, in der Bereitschaft, einem Menschen zu folgen in allen seinen möglichen Entfaltungen. Wir wissen, daß jeder Mensch, wenn man ihn liebt, sich wie verwandelt fühlt, wie entfaltet, und daß auch dem Liebenden sich alles entfaltet, das Nächste, das lange Bekannte. Vieles sieht er wie zum ersten Male. Die Liebe befreit es aus jeglichem Bildnis. Das ist das Erregende, das Abenteuerliche, das eigentlich Spannende, daß wir mit den Menschen, die wir lieben, nicht fertigwerden: weil wir sie lieben; solang wir sie lieben. Man höre bloß die Dichter, wenn sie lieben; sie tappen nach Vergleichen, als wären sie betrunken, sie greifen nach allen Dingen im All, nach Blumen und Tieren, nach Wolken, nach Sternen und Meeren. Warum? So wie das All, wie Gottes unerschöpfliche Geräumigkeit, schranklos, alles Möglichen voll, aller Geheimnisse voll, unfaßbar ist der Mensch, den man liebt –

> Nur die Liebe erträgt ihn so. (S. 31 f.)

> (...) ‚Du bist nicht', sagt der Enttäuschte oder die Enttäuschte: ‚wofür ich dich gehalten habe'.

> Und wofür hat man sich denn gehalten?

> Für ein Geheimnis, das der Mensch ja immerhin ist, ein erregendes Rätsel, das auszuhalten wir müde geworden sind. Man macht sich ein Bildnis. Das ist das Lieblose, der Verrat. (S. 32)

Man hat darauf hingewiesen, das Wunder jeder Prophetie erkläre sich teilweise schon daraus, daß das Künftige, wie es in den Worten eines Propheten erahnt scheint und das Bildnis entworfen wird, am Ende durch eben dieses Bildnis verursacht, vorbereitet, ermöglicht oder befördert worden ist –

Unfug der Kartenleserei.

Urteile über unsere Handschrift.

Orakel bei den alten Griechen.

Wenn wir es so sehen, entkleiden wir die Prophetie wirklich ihres Wunders? Es bleibt noch immer das Wunder des Wortes, das Geschichte macht:

> „Im Anfang war das Wort." (S. 32 f.)

Kassandra, die Ahnungsvolle, die scheinbar Warnende und nutzlos Warnende, ist sie immer ganz unschuldig an dem Unheil, das sie vorausklagt? Dessen Bildnis sie entwirft.

Irgendeine fixe Meinung unserer Freunde, unserer Eltern, unserer Erzieher, auch sie lastet auf manchem wie ein altes Orakel. Ein halbes Leben steht unter der heimlichen Frage: Erfüllt es sich, oder erfüllt es sich nicht. Mindestens die Frage ist uns auf die Stirne gebrannt, und man wird ein Orakel nicht los, bis man es zur Erfüllung bringt. Dabei muß es sich durchaus nicht im geraden Sinn erfüllen; auch im Widerspruch zeigt sich der Einfluß, darin, daß man so nicht sein will, wie der andere uns einschätzt. Man wird das Gegenteil, aber man wird es durch den anderen... (S. 33)

In gewissem Grad sind wir wirklich das Wesen, das die andern in uns hineinsehen, Freunde wie Feinde. Und umgekehrt! Auch wir sind die Verfasser der andern; wir sind auf eine heimliche und unentrinnbare Weise verantwortlich für das Gesicht, das sie uns zeigen, verantwortlich nicht für ihre Anlage, aber für die Ausschöpfung dieser Anlage. Wir sind es, die dem Freunde, dessen Erstarrtsein uns bemüht, im Wege stehen, und zwar dadurch, daß unsere Meinung, er sei erstarrt, ein weiteres Glied in jener Kette ist, die ihn fesselt und langsam erwürgt. Wir wünschen ihm, daß er sich wandle, o ja, wir wünschen es ganzen Völkern! Aber darum sind wir noch lange nicht bereit, unsere Vorstellung von ihnen aufzugeben. Wir selber sind die letzten, die sie verwandeln. Wir halten uns für den Spiegel und ahnen nur selten, wie sehr der andere seinerseits eben der Spiegel unseres erstarrten Menschenbildes ist, unser Erzeugnis, unser Opfer –. (S. 34)

Der andorrianisch Jude

In Andorra lebte ein junger Mann, den man für einen Juden hielt. Zu erzählen wäre die vermeintliche Geschichte seiner Herkunft, sein täglicher Umgang mit den Andorranern, die in ihm den Juden sehen: das fertige Bildnis, das ihn überall erwartet. Beispielsweise ihr Mißtrauen gegenüber seinem Gemüt, das ein Jude, wie auch die Andorraner wissen, nicht haben kann. Er wird auf die Schärfe seines Intellektes verwiesen, der sich eben dadurch schärft, notgedrungen. Oder sein Verhältnis zum Geld, das in Andorra auch eine große Rolle spielt: er wußte, er spürte, was alle wortlos dachten; er prüfte sich, bis er entdeckte, daß es stimmt, es war so, in der Tat, er dachte stets an das Geld. Er gestand es; er stand dazu, und die Andorraner blickten sich an, wortlos, fast ohne ein Zucken der Mundwinkel. Auch in Dingen des Vaterlandes wußte er genau, was sie dachten; sooft er das Wort in den Mund genommen, ließen sie es liegen wie eine Münze, die in den Schmutz gefallen ist. Denn der Jude, auch das wußten die Andorraner, hat Vaterländer, die er wählt, die er kauft, aber nicht ein Vaterland wie wir, nicht ein zugeborenes, und wie wohl er es meinte, wenn es um andorranische Belange ging, er redete in ein Schweigen hinein, wie in Watte. Später begriff er, daß es ihm offenbar an Takt fehlte, ja, man sagte es ihm einmal rundheraus, als er, verzagt über ihr Verhalten, geradezu leidenschaftlich wurde. Das Vaterland gehörte den andern, ein für allemal, und daß er es lieben könnte, wurde von ihm nicht erwartet, im Gegenteil, seine beharrlichen Versuche und Werbungen öffneten nur eine Kluft des Verdachtes; er buhle um eine Gunst, um einen Vorteil, um eine Anbiederung, die man als Mittel zum Zweck empfand auch dann, wenn man selber keinen möglichen Zweck erkannte. So wiederum ging es, bis er eines Tages entdeckte, mit seinem rastlosen und alles zergliedernden Scharfsinn entdeckte, daß er das Vaterland wirklich nicht liebte, schon das bloße Wort nicht, das jedesmal, wenn er es brauchte, ins Peinliche führte. Offenbar hatten sie recht. Offenbar konnte er überhaupt nicht lieben, nicht im andorranischen Sinn; er hatte die Hitze der Leidenschaft, gewiß, dazu die Kälte seines Verstandes, und diesen empfand man als eine immer bereite Geheimwaffe seiner Rachsucht; es fehlte ihm das Gemüt, das Verbindende; es fehlte ihm, und das war unverkennbar, die Wärme des Vertrauens. Der Umgang mit ihm war anregend, ja, aber nicht angenehm, nicht gemütlich. Es gelang ihm nicht, zu sein wie alle andern, und nachdem er es umsonst versucht hatte, nicht aufzufallen, trug er sein Anderssein sogar mit einer Art von Trotz, von Stolz und lauernder Feindschaft dahinter, die er, da sie ihm selber nicht gemütlich war, hinwiederum mit einer geschäftigen Höflichkeit überzuckerte; noch wenn er sich verbeugte, war es eine Art von Vorwurf, als wäre die Umwelt daran schuld, daß er ein Jude ist –

Die meisten Andorraner taten ihm nichts.

Also auch nichts Gutes.

Auf der anderen Seite gab es auch Andorraner eines freieren und fortschrittlichen Geistes, wie sie es nannten, eines Geistes, der sich der Menschlichkeit verpflichtet fühlte; sie achteten den Juden, wie sie betonten, gerade um seiner jüdischen Eigenschaften willen, Schärfe des Verstandes und so weiter. Sie standen zu ihm bis zu seinem Tode, der grausam gewesen ist, so grausam und ekelhaft, daß sich auch jene Andorraner entsetzten, die es nicht berührt hatte, daß schon das ganze Leben grausam war. Das heißt, sie beklagten ihn eigentlich nicht, oder ganz offen gesprochen: sie vermißten ihn nicht – sie empörten sich nur über jene, die ihn getötet hatten, und über die Art, wie das geschehen war, vor allem die Art.

Man redete lange davon.

Bis es sich eines Tages zeigte, was er selber nicht hat wissen können, der Verstorbene: daß er ein Findelkind gewesen, dessen Eltern man später entdeckt hat, ein Andorraner wie unsereiner –

Man redete nicht mehr davon.

Die Andorraner aber, sooft sie in den Spiegel blickten, sahen mit Entsetzen, daß sie selber die Züge des Judas tragen, jeder von Ihnen.

Du sollst dir kein Bildnis machen, heißt es, von Gott.

Es dürfte auch in diesem Sinne gelten: Gott als das Lebendige in jedem Menschen, das, was nicht erfaßbar ist. Es ist eine Versündigung, die wir, so wie sie an uns begangen wird, fast ohne Unterlaß wieder begehen –

Ausgenommen wenn wir lieben.

(S. 35 ff. – die auf diesen Text folgende Überschrift heißt „Frankfurt, Mai 1946").

3.2 Die Entstehung des Stückes

Ähnlich der ‚Burleske' für ‚Biedermann und die Brandstifter' gibt es auch für den Andorra-Stoff eine erste Fassung im ‚Tagebuch 1946-1949': die Prosaskizze ‚Der andorranische Jude'.

Sie folgt unmittelbar den Seiten des ‚Tagebuchs' mit jener Überschrift, die für Max Frisch gleichsam zu einer Art von Etikett geworden ist: „Du sollst dir kein Bildnis machen." Über den Zusammenhang beider Gegenstände wird noch zu sprechen sein.

Frisch hatte 1946 bei der ersten Fabulierung noch nicht entdeckt, daß dies ein großer Stoff für ihn sein könnte. Später sagte er: ‚Nachdem ich mich inzwischen aus meinen bisherigen Versuchen kennengelernt hatte, sah ich, daß dieser Stoff mein Stoff ist. Gerade darum zögerte ich lang, wissend, daß man nicht jedes Jahr seinen Stoff findet. Ich habe das Stück fünfmal geschrieben, bevor ich es aus der Hand gab'.[13]

---

13 Sybille Heidenreich, Frisch. Andorra. Biedermann...S. 22

Im gleichen Jahr 1958, da er den ‚Biedermann' mit der Züricher Uraufführung auf den Weg gebracht hat, greift Max Frisch diesen Stoff nach einem Jahrdutzend wieder auf. In ‚Daten und Anmerkungen zu A n d o r r a' wird mitgeteilt: „Die Fabel des Stückes ist als Prosaskizze im ‚Tagebuch 1946-1949' veröffentlicht. Die Arbeit am Stück wurde 1958 begonnen, im Herbst 1959 wiederaufgenommen und im Herbst 1961 abgeschlossen".[14]

Es bleibt festzuhalten, daß es zu einer von vornherein wohl nicht beabsichtigten, längeren Arbeitspause gekommen ist. Diese Beobachtung wird davon unterstützt, daß die ‚Andorra'-Uraufführung zunächst für die Spielzeit 1960/61 angekündigt, dann aber wieder abgesagt wurde.

Erst am 2. November 1961 erfolgte am Schauspielhaus Zürich die Uraufführung unter der Regie von Kurt Hirschfeld, „der vor Jahren den jungen Frisch nach der Lektüre des ersten Romans aufgefordert hatte, sich doch einmal an einem Bühnenwerk zu versuchen".[15]

Die deutsche Theaterszene bereitete ‚Andorra' einen ungewöhnlichen Auftakt: „Deutsche Erstaufführung gleichzeitig bei den Münchner Kammerspielen München (Regie: Hans Schweikart), bei den Städtischen Bühnen Frankfurt am Main (Regie: Harry Buckwitz) und am Düsseldorfer Schauspielhaus (Regie: Reinhart Spörri) am 20.1.1962. Berliner Erstaufführung im Schillertheater am 23.3.1962 (Regie: Fritz Kortner)."[16]

Und obwohl gerade die Berliner Aufführung im Schillertheater verdient, beispielhaft genannt zu werden, nahm das Deutsche Fernsehen nicht diese Inszenierung, sondern die geringfügig modifizierte Züricher Ur-Inszenierung in sein Oktoberprogramm von 1964 auf. Zwei Tage vor Max Frischs 75. Geburtstag, am 13. Mai 1986 präsentierte das Zweite Deutsche Fernsehen ‚Andorra' in einer Aufführung des Düsseldorfer Schauspielhauses unter Peter Heusch.

---

14 Max Frisch, Stücke. Band 2..., S. 346
15 Sybille Heidenreich, a. a. O.
16 Stücke. Band 2, a. a. O., S. 346

Zwischen diesen beiden TV-Ereignissen, die mehr als zwei Jahrzehnte zeitlicher Distanz voneinander trennen, liegen auch jene späten sechziger Jahre, in denen das Stück „wohl den größten Nachkriegserfolg des deutschsprachigen Theaters"[17] errang, von dem Hellmuth Karasek spricht.

So überzeugend sich der Erfolg im deutschsprachigen Raum auch ausnimmt, in manch anderem Lande konnte ‚Andorra' keineswegs an ihn anknüpfen.

Die Londoner Theaterszene verschloß sich dem Stück nach erfolgloser Erstaufführung. New York, die amerikanische Stadt mit dem größten jüdischen Bevölkerungsanteil, nahm es ähnlich kühl zur Kenntnis wie zuvor auch schon ‚Biedermann und die Brandstifter'.

Erregten bei der Aufführung der Brandstifter-Parabel künstlerische Mängel der Inszenierung Anstoß – Kritiker Hans Sahl sprach von einer „expressionistischen Farce, die an gewisse Stilexperimente der zwanziger Jahre erinnerte"[18] – konnte davon im Falle ‚Andorra' keine Rede sein: „Bei der Andorra-Aufführung soll es sich hingegen um eine respektable szenische Realisation des Stückes gehandelt haben. Dennoch bekannte der amerikanische Theaterkritiker Robert Brustein nach der Aufführung, Frisch habe ‚Deutschland, das in abstoßender Weise zur Selbstgeißelung drängt, eine Peitsche aus Samt' gereicht."[19]

Antisemitismus, die physische Vernichtung der Juden, konnte in Deutschland und in einem relevanten Grade auch in Mitteleuropa als individuelle Erfahrung wirken, als erlebte Historie. Dies löste dem Stück gegenüber eine völlig andere Haltung aus, als sie einem distanziert-unbelasteten Publikum abzuverlangen war.

Hinzu kam die Zeitsituation im Deutschland der sechziger Jahre. Es wuchs das Bedürfnis, der wirtschaftlichen Erstarkung die moralische folgen zu lassen. ‚Bewältigung der Vergangenheit' wurde zum Schlüs-

---

17 Hellmuth Karasek, Max Frisch, S. 122
18 vgl. Manfred Durzak, Dürrenmatt. Frisch. Weiss....S. 220
19 ebenda

selwort für Zeitströmungen, die nicht ohne Einfluss auf die kulturelle Szene blieben, wie einleitend in anderem Zusammenhang schon angedeutet worden ist. Vereinfacht und verkürzt: ‚Andorra' traf bei seinem Erscheinen genau die Stimmung der Zeit.

Obwohl in der Sekundärliteratur die Ursachen für ausländische Mindererfolge des Stückes in künstlerischen Mängeln gesucht werden, leuchtet ein, was Manfred Durzak in seiner wichtigen Untersuchung zu bedenken gibt: „Es wäre also die Frage zu stellen, ob die Wirkung von Frischs Stück nicht im Rahmen jener moralischen Regenerationsbewegung in Deutschland zu sehen ist, die unter der Flagge Bewältigung der Vergangenheit segelnd, sich während der sechziger Jahre in zahlreichen Prozessen über im Dritten Reich begangene Verbrechen zeigte. Nachdem der Wohlstandsboom seinen Segen allerorts verbreitet hatte, setzte man an...die Übeltaten der Vergangenheit juristisch einzuordnen, um das kollektive Schuldgefühl Deutschlands zu erleichtern.

Das Geheimnis des Erfolgs von Andorra in Deutschland bestünde also darin, daß Frischs Stück auf diese damals allgemein verbreitete Haltung traf, daß man sich deshalb so emphatisch mit Andorra identifizierte, weil es jenen Akt der Gewissensbereinigung in modellhafter Allgemeinheit vorführte, vor dessen juristischen Details sich viele individuell zu fürchten hatten."[20]

Sieht man das Stück heute wieder, so bleibt jener Eindruck vorherrschend, den Manfred Jurgensen summierend formuliert: „Andorra hat sich vor allem als äußerst effektvolles Theater erwiesen."[21]

Schöpferisch verarbeitete Anregungen und Impulse, die Max Frisch vom epischen Theater und auch wohl von Bertolt Brecht empfangen hat, sind hieran nicht unbeteiligt.

---

20 ebenda, S. 220 f.
21 Manfred Jurgensen, Max Frisch. Die Dramen, S. 90

3.3 Gang der Handlung mit Szenenkommentaren

(I)

Barblin, Soldat, Tischler, Andri, Pater, Jemand, Lehrer, Wirt, Idiot

Am Tag vor dem Fest des Heiligen Georg versieht die Lehrerstochter Barblin das elterliche Haus mit einem frischen weißen Anstrich. Der Soldat Peider schaut ihr dabei müßig zu. Offensichtlich gefällt ihm das Mädchen. Barblin nimmt das zum Anlass, auf ihr Verlobtsein hinzuweisen.

Am Rande der Bühne reicht der Küchenjunge Andri dem behäbigen Tischlermeister den Spazierstock. Das dafür erhaltene Trinkgeld wirft er ins Orchestrion, das hier vor der Dorfkneipe steht.

Peider macht sich lustig: über den noch nie gesehenen Verlobten, über das schneeweiße Andorra am Sanktgeorgstag, über den „Kohlensack", womit der Pater in Anspielung auf seine Amtstracht gemeint ist. Just in dem Augenblick kommt der Verspottete hinzu, und er lobt Barblins Fleiß beim Weißeln. Der Soldat entfernt sich unter Spottreden. Barblin hat von ihm Schreckliches gehört. Ein Überfall der Schwarzen stünde bevor, weil diese neidisch seien auf Andorras weiße Häuser. Der Pater geht zunächst nicht darauf ein. Stattdessen beklagt er die Trunksucht von Barblins Vater, der im Rausch alle Welt beschimpfe, auch Andorra und seine Bürger. Er glaube jedes Kneipengerücht. Und dann – ganz unvermittelt – erklärt der Pater: „Kein Mensch verfolgt euren Andri – noch hat man eurem Andri kein Haar gekrümmt."

Über die Erinnerung an Peider kommt er dann auf die Ängste Barblins zurück. Das schöne aber arme Andorra werde schon keiner überfallen, lässt er durchblicken, um dann, von Barblin unbemerkt, davonzuradeln, weil die Vesperglocke läutet.

Barblins über die Schulter geworfene Frage: „Und wenn sie trotzdem kommen, Hochwürden?" hört er schon nicht mehr. Nur der Kneipengast Jemand – Andri hat ihm den Hut gereicht und auch sein Trinkgeld ins

Orchestrion geworfen – hört dem fortweißelndem Mädchen jetzt zu, ohne dass diese den Wechsel gewahr wird. Was die Schwarzen mit Juden und ihren Bräuten täten, so sie denn kämen, ist ihre Sorge.

Jemand spricht sie an, und ein banales Gespräch über das Wetter, bar jeder Dramatik, setzt eine deutliche Zäsur, bis Barblin ins Haus verschwindet.

Vor dem Gasthaus verhandelt der Lehrer mit dem Tischler um eine Lehrstelle für Andri, seinen Pflegesohn. 50 Pfund fordert der Meister. Er zweifelt an Andris Tauglichkeit für das Tischlerhandwerk, weil er es „nicht im Blut hat". Börsenmakler sollte er besser werden. Unbeugsam beharrt er auf der wucherischen Höhe des Lehrgeldes.

Mitten im Gespräch entdeckt der Lehrer einen Pfahl, der am Vortage noch nicht da war. Der Tischler entfernt sich, ohne darauf eingegangen zu sein. Auch der Wirt weiß nicht, wofür der Pfahl errichtet worden ist.

Wenn's um Geld geht, meint er, seien die Andorraner „wie der Jud". Die Forderung des Tischlers beweist es. Der Lehrer, fest entschlossen, Andri die Lehrstelle doch noch zu ermöglichen, will sein Land verkaufen, für den Wirt eine willkommene Gelegenheit, ein gutes Geschäft zu machen.

Barblin im Prozessionskleid tritt an den Tisch. Bekümmert sieht sie den Vater am Sanktgeorgstag trinken. Die Prozession zieht an der Kneipe vorbei. Andri tritt für einen Augenblick heraus. Er ist so glücklich, die Lehrstelle zu bekommen, dass er ausruft: „Barblin, wir heiraten!"

Aus der Kneipe geworfen, randaliert der Soldat Peider auf der Szene. Andri soll ihm über Barblin Auskunft geben. Betrunken macht er sich einen Spaß daraus, „den Jud" zu sekkieren, stellt ihm ein Bein, schlägt ihm das Lohngeld aus der Hand, beschimpft ihn wegen angeblicher Geldgier, Feigheit, Kränkung der Armee, weil er eben Jud sei. Andri bleibt ruhig, bis der Soldat über Barblin schmutzige Reden führt. Da nennt er seinen Peiniger ein „Vieh".

Zu alledem nickt und grinst ein hinzugekommener Idiot in stummem, aber gestenreichem Spiel.

Zeugenaussage des Wirtes:

Der Wirt gibt eine kollektive Täuschung in der ganzen Angelegenheit zu, die sich um Andris angebliche Judenstämmigkeit rankt. Eine individuelle Mitschuld an Andris Tod weist er strikt zurück.

Kommentar

Die wesentlichen Sachverhalte der Exposition sind hier versammelt. Ort der Handlung ist jenes modellhafte Andorra, das mit dem gleichnamigen 425-Quadratkilometer-Staat in den Ostpyrenäen nichts gemein hat.

Es sind die Tage um das Fest des Heiligen Georg (der bemerkenswerterweise Schutzpatron der Krieger ist), und Andorra steht am Vorabend eines Überfalls durch die „Schwarzen".

Andorranische Bürger – der Wirt, der Tischler, der Pater – verkörpern jene Mehrheit, der die Familie des Lehrers Can gegenübersteht: Barblin, seine Tochter und Andri, der als sein Pflegesohn und gerettetes Judenkind gilt, vor der andorranischen Öffentlichkeit und vor sich selber.

Mit des Pfarrers Versicherung „Kein Mensch verfolgt euren Andri..." wird das Thema des Antisemitismus zunächst leise angeschlagen.

„Wenn einmal die Schwarzen kommen, dann wird jeder, der Jud ist, auf der Stelle geholt. Man bindet ihn an einen Pfahl, sagen sie, man schießt ihm ins Genick," hat Barblin gehört. Wenngleich eine deutliche Steigerung unüberhörbar ist, bleibt doch die Bedrohung zunächst theoretischer Natur, vorstellbar, anstrengend.

Realer Antisemitismus wird dann in den Handlungen des Soldaten Peider zur Anschauung gebracht. Und mit des Soldaten Feindschaftsbekundung: „Der macht sich nicht beliebt bei mir" wird mit einer Drohung der aufgeworfene Konflikt in die aufsteigende Handlung hinübergetragen.

Was den zeitlichen Ablauf betrifft, so arbeitet Frisch hier mit nicht ausdrücklich angegebenen Sprüngen: bis zum Gesprächsende Barblin- Jemand dauert der Tag vor dem St.-Georgs-Fest; die Lehrstellenverhandlung findet schon am Festtage selber statt, wie Barblins Vorwurf an den Vater zeigt, er trinke am St.-Georgstag.

Die Zeugenaussagen begeben sich samt und sonders „nach Jahr und Tag", wie es der Wirt ausdrückt.

Von nicht geringerem Interesse scheint das Aufspüren dreier Motivketten, die das Expositions-‚Bild' beherrschen:

das Geldmotiv: Trinkgelder ins Orchestrion, Lehrgeld, Berufsvorschlag Börsenmakler, Landkauf zu einem erpresserischen Billigpreis durch den Wirt, Gleichsetzung Andorraner-Jud in Gelddingen, Soldat schlägt Andri den Lohn aus der Hand

das Pfahlmotiv: Barblin weiß, man bindet Juden an den Pfahl zum Erschießen; der Lehrer sieht in ihm ein Symbol der Bedrohung; weder Tischler noch Wirt kümmern sich um ihn

das Geilheitsmotiv: Der Soldat betrachtet Barblin mit geilen Blicken; er prahlt mit seiner Manneskraft und Unwiderstehlichkeit; der Pater bescheinigt ihm „schmutzige Augen"; über Barblin spricht der Soldat zu Andri mit unverhüllter sexueller Begehrlichkeit.

(II)

Andri, Barblin

Ort der Handlung ist die Schwelle vor Barblins Kammer. Das Mädchen liegt auf Andris Knien. Sie ist zärtlich gestimmt und bittet Andri, sie zu küssen.

Der aber vermag sich aus schweren Gedanken nicht zu befreien, die die ihm den Schlaf rauben. Er muss unentwegt darüber nachsinnen, ob die Vorwürfe nicht zutreffen, denen er sich als Jude ausgesetzt sieht:

kein Gefühl zu haben, geil und ohne Gemüt zu sein, von Feigheit beherrscht zu werden. Da verfangen auch Barblins Verführungskünste nicht, das gelöste Haar, die ausgezogene Bluse, ihr anschmiegsames Gebaren.

Andri beseelen Skrupel, die Tochter seines vermeintlichen Retters zu verführen. Er empfindet es als Last, „wenn man den Menschen immerfort dankbar sein muß, daß man lebt" und gibt zu: „Ich habe Angst, wenn ich stolz bin".

Um in Ruhe gelassen zu werden, geht Barblin nicht mehr aus dem Haus. Auch Andri hat neuerliche Belästigungen erlitten: „Sie haben mir wieder das Bein gestellt." So muss er immer an „die andern" denken – auch wenn Barblin in seinen Armen liegt.

Andri empfindet ein Anderssein und erklärt fast beschwörend, das sei kein Aberglaube. Barblin, erkennend, dass es ihr nicht gelingen wird, den Geliebten aus seinen Grübeleien zu befreien, überkommt die Müdigkeit. Schon ist sie fast eingeschlafen, da fragt er, ob sie den Soldaten Peider kenne, der ein Auge auf sie hat.

Barblin kennt ihn.

Zeugenaussage des Tischlers:

Der Tischler gibt zu, dass er Andri nicht haben wollte als Lehrling. Eine persönliche Schuld an dem, was sich dann zugetragen hatte, verneint er mit der gleichen Entschiedenheit wie der Wirt.

Kommentar

Im Zusammenhang mit ‚Andorra' spricht Jurgensen von der „modellhaften Darstellung eines alten Frisch-Themas: der Mensch auf der Suche nach *seiner Identität*."[22]

Andri scheint hier dieser These zur Illustration zu dienen. In qualhafter Selbstanalyse kommt er zu dem Schluss: „...plötzlich bist du so, wie sie sagen. Das ist das Böse."

---

22 Manfred Jurgensen, Max Frisch. Die Dramen, S. 82

Andris Bedenklichkeit zeitigt gleichsam zwei willkommene Nebenwirkungen: sie führt den Vorwurf ad absurdum, „der Jud" sei geil; und sie verhindert, dass ein Inzest stattfindet, die Liebe unter Halbgeschwistern.

Die latente Bedrohung von außen bleibt auch in der Zweisamkeit dieses Bildes spürbar: Grölen dringt herein. Die Geschwister berichten einander von Belästigungen, denen sie ausgesetzt waren, und schließlich hat die Bedrohung wieder einen Namen und ein Gesicht: Peider.

(III)

Andri, Geselle, Tischler

In der Tischlerei haben Andri und der Geselle je einen Stuhl angefertigt. Während sie auf den Meister warten, wirbt Fedri den Lehrling für den Eintritt in die Fußballmannschaft, deren Kapitän er ist. Er nennt sich Andris Freund, und dieser ist begeistert.

Während der Geselle trotz strengen Verbots eine Zigarette raucht, versucht er aus Andris Lehrproben-Stuhl ein Bein herauszureißen. Aber die Arbeit ist zu sorgfältig. Er bringt es nicht fertig. Im Augenblick, da der Meister kommt, verschwindet Fedri blitzschnell, und der Verdacht, geraucht zu haben, fällt auf Andri, der hartnäckig schweigt, um seinen neuen „Freund" nicht zu verraten.

Trotz Andris Protest nimmt der Tischler den Stuhl des Gesellen als vermeintliche Lehrprobe und reißt mit Leichtigkeit die Stuhlbeine heraus, zum Beweis, dass der Lehrling das Tischlern nicht im Blute habe. Obendrein muss Andri erleben, wie er im nächsten Augenblick von seinem hinzugerufenen „Freund" im Stich gelassen wird, der nichts tut, um die Stuhlverwechslung aufzuklären.

Erbittert und empört schleudert Andri dem Tischler seine anklagenden Fragen nach Gerechtigkeit und Wahrheit ins Gesicht – furcht- und schonungslos zugleich. Offenkundig bringt er den Meister damit in einige Verlegenheit, dem das Bewusste der Vertauschung anzumerken ist. Er will Andri keineswegs entlassen, sondern sich vielmehr die vom Juden erhoffte Geschäftstüchtigkeit zunutze machen. Er soll Bestellungen hereinbringen. Sein trauriger Protest „Ich wollte aber Tischler werden..." bleibt ohne Antwort.

Zeugenaussagen des Gesellen:

Sein Unrecht mit dem Stuhl gibt der Geselle zu. Aber Andri habe sich danach völlig zurückgezogen und nicht einmal mehr am Fußballspielen Interesse gezeigt. Auch er, versichert Fedri, fühlt sich an Andris Ende unschuldig.

Kommentar

Wenn der Tischler Andri Geldgier vorwirft „Schnorr nicht so viel", und im gleichen Atemzuge nicht nur das Schnorren für sich auszunutzen sucht, sondern auch noch Andris Provision empfindlich kürzt – von einem halben Pfund je Auftrag ein Pfund für drei Aufträge – weist neuerlich ein Wesenszug des Judenbildes der Andorraner auf diese selbst zurück. Auch dass Andri zu dem Gesellen steht, der ihn spornstreichs verrät, schlägt in dieselbe Kerbe.

Wichtigste Erkenntnis aus Andris Anklagerede mit ihrem „Es hat keinen Zweck", ist die, dass hier einer dabei ist, sich selbst zu verlieren. Andri wird gezeigt auf dem Wege zum Identitätsverlust, den der Geselle in seinen Wirkungen beschreibt.

(IV)

Andri, Doktor, Mutter, Lehrer, Barblin

Andri wird im Lehrerhause vom Amtsarzt untersucht, der ihn für des Lehrers natürlichen Sohn hält und sich überaus freundlich gebärdet. Er kennt den Lehrer noch aus der Zeit vor mehr als zwanzig Jahren, als dieser „ein Teufelskerl" war. Später hat der Arzt im Ausland gelebt und ist erst jetzt in die Heimat zurückgekehrt, angeblich als Professor und Doktor. Aus Heimatliebe, wie er ausdrücklich betont, und auf Titel lege er keinen Wert. Er würzt den Untersuchungsgang mit heftigen antisemitischen Ausfällen und merkt erst dann, dass irgendetwas nicht stimmt, als Andri unvermittelt den Raum verlässt.

Mit erheblicher Verblüffung hört der Arzt die Erklärung der Mutter, Andri sei Jud. Der hinzukommende Lehrer reagiert eisig auf die Situation. Nachdem der Doktor sich entfernt hat, symbolisch vom Hausherrn hinausgeworfen, indem sein Hut durch die Tür fliegt, kommt es zu einer Familienszene.

In ihrem Verlauf mahnt der Lehrer, Andri möge am Ende nicht etwa noch glauben, was über ihn – den Jud – geredet wird. Es ergibt sich, dass Andri und Barblin ihre Heiratsabsichten offenbaren.

Das ebenso harte wie entsetzte „Nein" des Lehrers löst Protest und Verwirrung aus: Barblin reagiert mit wilder Verzweiflung, droht Selbsttötung an oder die Aufnahme des Soldatendienstes; die Mutter glaubt an väterliche Eifersucht auf den Pflegesohn. Andri aber deutet den Vorgang im Einklang mit seinen bisherigen Erfahrungen: „Weil ich Jud bin."

Der Lehrer reagiert mit einem wütenden Ausbruch, dessen Kernsatz der halben Wahrheit schon sehr nahe kommt: „...ich höre Jud, wo keiner ist...". Aber die ganze Wahrheit zu offenbaren, bringt er nicht über sich. So bleibt nur der übliche Zufluchtsort: die Pinte, wo man ihn im folgenden Bilde sieht.

Kommentar

Man findet Einlass in die häuslich-private Sphäre Andris, und ein Bild heilloser Verwirrung offenbart sich, dem ausnahmslos alle Familienmitglieder unterliegen – die einen aus Unkenntnis der wahren Zusammenhänge, der Lehrer aber, weil er sich in unlösbaren Verstrickungen wähnt.

Für Andri ergibt sich objektiv ein weiterer Misserfolg in der Reihe von Versuchen, als Andorraner unter Andorranern zu leben: Rassenvorurteile ließen ihn nicht Tischler und nicht Fußballspieler werden. Nun wird ihm auch die Ehe mit Barblin verboten. Dass hierbei ganz andere als rassische Gründe wirken, bleibt zwangsläufig verborgen. Was bislang von außen gegen ihn gekehrt war, hat von seinem Wesen Besitz ergriffen, wirkt jetzt aus der eigenen Persönlichkeit, gewinnt eine selbstzerstörende Dimension.

Damit ist nicht nur eine neue Steigerungsstufe des Mechanismus der Vorurteile zur Anschauung gebracht, sondern auch ein nächster Schritt in Richtung auf den völligen Identitätsverlust.

Das Zusammentreffen von Arzttum und Antisemitismus in der Person des gleichsam als Auslöser für die Familienaussprache fungierenden „Doktors" reizt unweigerlich den Gedanken herauf an die Pervertierung und Entwürdigung des ärztlichen Ethos in den Todesfabriken des Dritten Reiches, das bis in den letzten Winkel der zivilisierten Welt die schauerliche Berühmtheit des Namens Josef Mengele bewirkt hat, der rund vier Jahrzehnte nach dem Ende des Zweiten Weltkrieges als freier Mann in Südamerika verstorben ist.[23]

(V)

Lehrer, Wirt, Jemand

„Was gibt's Neues?" will der Wirt ein Gespräch eröffnen. Doch der Lehrer ist nicht in Stimmung dafür. Er grübelt nach über die Macht der Lüge, die ihm den Mut zur Wahrheit genommen hat. Er hat den eigenen Sohn zum Juden gelogen und nun, da Andri erwachsen ist, suchen ihn die Folgen dieser Lüge heim. „Auch einem Judenretter ist das eigne Kind zu schad für den Jud!" werden die Andorraner höhnen.

---

[23] Mengele beschäftigte sich vornehmlich im Konzentrationslager Auschwitz mit pseudowissenschaftlichen Experimenten an eineiigen jüdischen Zwillingen. Am 19. Juni 1986 berichtete eines der überlebenden Opfer im Deutschlandfunk: Als kleines Mädchen war sie von Mengele im KZ mit schmerzhaften Augeninfusionen gequält worden. Eine Wand des Behandlungsraumes war nach Art herkömmlicher Schmetterlingssammlungen mit herausoperierten und präparierten Menschenaugen nahezu bedeckt.

Als der Kneipengast Jemand zu ihm an den Tisch kommt – auch er mit der Frage „Was gibt's Neues?" – erhebt sich der Lehrer unhöflich. Er will mit seinen Gedanken allein sein. Auch was Jemand über neue Drohungen der Schwarzen gegen Andorra in der Zeitung liest, vermag ihn jetzt nicht zu interessieren.

Jemand vertieft sich, allein geblieben, in sein Blatt. Er genießt es, dass jetzt, wo Andri nicht mehr da ist, das Orchestrion schweigt.

Kommentar

Als wütender Gegner des Antisemitismus hebt sich der Lehrer ab von der andorranischen Mehrheit. Wenn aber Feigheit ihn daran hindert, sich öffentlich zu seiner Verwandtschaft zu bekennen, so wird hierin nicht nur das individuelle Versagen eines moralischen Schwächlings ansichtig, sondern obendrein weist ein den Juden angelasteter Charakterzug – eben die Feigheit – ironisch auf die Andorraner zurück.

Von daher gewinnt das fünfte Bild, so kurz es auch sein mag, in zweifacher Hinsicht Bedeutung: es dient der Charakterabbildung des Lehrers Can als individuellem Wesen, und es hilft, ein andorranisches Vorurteil in neue Beleuchtung zu rücken.

(VI)

Andri, Lehrer, Soldat

Andri schläft auf der Schwelle von Barblins Kammer. Peider steigt über den Schlafenden und verschwindet in der Tür. „Barblin will schreien, aber der Mund wird ihr zugehalten" (Regieanweisung). Andri erwacht über dem Geräusch. Ein Monolog beginnt.

Andri bekennt trotzig seinen unwandelbaren Willen, an Barblin festzuhalten, sollte sich der Lehrer darüber auch zu Tode saufen. Andorra und die Andorraner hat er hassen gelernt. Sein Denken und Handeln kreist um die gemeinsame Zukunft mit Barblin. Mit ihr will er eines Tages das Land verlassen. Dafür spart er; kein Geld wandert mehr ins Orchestrion; er zählt es immer wieder – einundvierzig Pfund sind mittlerweile beisammen.

Aus diesem geheimen Planen wächst ihm Kraft zu. Nicht einmal Peiders, des Soldaten Grinsen macht ihm noch etwas aus. Mit Barblin wird er fortgehen, hin in eine Welt, „wo man mir kein Bein stellt". Schwer betrunken kommt der Lehrer die Stiege herauf. Der Alkohol hat ihm Mut gegeben, Andri die Wahrheit zu gestehen. Doch der glaubt ihm nicht, hält alles für Säufergeschwätz. Wegen Barblin könne er beruhigt sein, versichert Andri. Sie habe ihre Kammertüre von innen verriegelt. Beide reden jetzt aneinander vorbei. Der Lehrer will seine Lüge beichten, aber Andri hält es für eine Forderung nach mehr Dankbarkeit für seine Errettung. Er macht keinen Hehl daraus, von seinem vermeintlichen Pflegevater schwer enttäuscht worden zu sein: „Du ekelst mich". Mit der Erkenntnis „Du hassest mich?" zieht sich der Geständniswillige abgewiesen zurück.

Es drängt Andri, von dem Auftritt zu berichten. Doch aus der Kammer kommt keine Antwort. Da horcht Andri an der Tür, versucht, sie aufzusprengen. Doch in diesem Augenblick öffnet sie sich von selbst. Der Soldat steht in ihrem Rahmen, mit unmissverständlich derangierter Gewandung. „Verschwinde, du, oder ich mach dich zur Sau" bekommt der entsetzte Andri zu hören.

Zeugenaussagen des Soldaten:

Peider bekennt, dass er Andri nie leiden mochte. So ganz ist er immer noch nicht überzeugt, dass der Lehrersohn kein Jude war. Im übrigen beruft er sich auf die ihm erteilten Befehle: „Ich war Soldat".

Kommentar

Mit der schlimmsten aller Demütigungen, die Andri zugefügt werden, ist zugleich auch die erste von zwei markanten psychologischen Unwahrscheinlichkeiten im Stück erreicht: „Wie ist der plötzliche Umschwung in Barblins Haltung zu erklären? Obwohl sie sich bisher stets angeekelt von Peider abwandte, muß sie sich ihm nun dennoch Frischs dramaturgischer Logik zu Gefallen hingeben. Denn daß sie aus einer Trotzreaktion gegenüber ihrem Vater, der ihre Heirat mit Andri verbot, handelt, reicht als Motiv ihrer Tat nicht aus".[24]

---
24 Manfred Durzak, Dürrenmatt. Frisch. Weiss....,S. 227.

Eine umfängliche Probenotiz des Dichters zeigt, dass Max Frisch mit dieser Szene seine liebe Not gehabt hat: Wie der Soldat in die Kammer gelangt, wie Barblin dem Publikum hinterher erscheint, welchen Ort und welche Wirkungen ein vorgesehener Schrei der Barblin aufs Publikum hat, wird darin gründlich erwogen.

Enthüllend wirkt nachstehender Satz: „Ich habe am Schreibtisch gewußt, wie ich's meine, aber nicht, daß hier im Gang des Soldaten ganz andere Meinungen aufkommen können."[25]

Diese Probenotiz schließt mit einem Postskriptum: „Nach der Aufführung melden sich Zuschauer bekümmert, was sie von dieser Barblin nun zu halten haben, und wenn die Unklarheit, ob sie den Soldaten hat haben wollen oder nicht, meines Erachtens auch nicht einen der Schwerpunkte der Fabel betrifft, so ist sie doch bedauerlich; sie schwächt, wie jede noch so nebensächliche Unklarheit, das Interesse für das Klare und erlaubt dem Zuschauer, daß er sich mit Nebensachen befaßt. Der Schrei, der nicht ging, fehlt nun doch. Ihr Stummbleiben ist mißdeutbar. Ich ändere nochmals: Barblin schreit – aber zu einem anderen Zeitpunkt, nicht am Ende der Szene, sondern kurz nach dem Eintritt des Soldaten, sie will schreien, der Soldat hält ihr sofort den Mund zu; das kennzeichnet ihn als Vergewaltiger, ohne daß ihr Schrei jetzt, bevor etwas geschehen sein kann, die nackte Leiblichkeit anliefert, und am Schluß der Szene, wenn der Soldat in die Türe tritt, erscheint er als Einbrecher, der n i c h t z u s e i n e m Z i e l g e k o m m e n i s t (unsere Hervorhebung), gerade deswegen bösartig."[26]

Das Erscheinen Peiders in der Tür will freilich von einem Nicht-zum-Ziel-gekommen-Sein wenig verraten. Die Umstände der Handlung sprechen schlicht dagegen. Da gibt es ein langes Gespräch zweier Männer nach dem einsamen Monolog eines Mannes unmittelbar vor der Kammertüre, hinter der gerade eine Vergewaltigung vor sich geht. Doch jedes Kampfgeräusch, jeder Hilferuf blieb aus?

---

25 Max Frisch, Stücke. Band 2, S. 349
26 ebenda, S. 350

Man kann sich wohl nur Karasek anschließen, wenn er befindet, Barblin schlafe mit Peider „aus dramaturgischer Verlegenheit".[27]

(VII)

Pater, Andri, ein Kirchendiener

Auf Betreiben der Lehrersfrau hat der Pater Andri zu sich in die Sakristei rufen lassen, um mit ihm zu sprechen. Andri übernimmt die Initiative: „Stimmt das, Hochwürden, dass ich anders bin als alle?" Und er wiederholt, was ihm vorgeworfen wird: Geldgier, vorlautes Wesen, Ehrgeiz, Gemütlosigkeit, Feigheit.

Der Pater fügt eine weitere Eigenart hinzu: „Mag sein, Andri, du hast etwas Gehetztes."

Andri lässt erkennen, dass seine fortwährende, quälende Selbstanalyse zu einem niederschmetternden Ergebnis geführt hat: „Ich versteh schon, dass niemand mich mag. Ich mag mich selbst nicht, wenn ich an mich selbst denke." Das Gespräch scheint vorüber, noch ehe es recht begonnen hat. Der Pater gibt sich damit nicht zufrieden. Er legt Andri die Hände auf die Schultern, nennt ihn „Prachtkerl" und einen, den er jahrelang beobachtet habe, weil er gescheiter sei als alle anderen. Andri reagiert nicht wie gewünscht. Er entzieht sich den Händen des Paters und seinen Komplimenten. Wie alle will er sein – nicht beliebter, feiger oder gescheiter – nur wie alle anderen auch.

Der Pater lässt jegliche Umschweife beiseite und kommt zur Sache. Die Pflegemutter mache sich Sorge um Andri. Sie wolle nur sein Bestes. Warum, fragt Andri, bekäme er nicht Barblin zur Frau, wenn man doch nur sein Bestes wolle? Doch wohl nur, weil er Jud sei.

Von der Fruchtlosigkeit seines Amtscharmes gereizt, findet der Pater zu einem neuen Wesenszug im Judenbild: „Ihr macht es einem wirklich nicht leicht mit eurer Überempfindlichkeit."

---

27 Hellmuth Karasek, Max Frisch, S. 88

Andi reagiert auf dieses neuerliche Ausgrenzen mit verzweifeltem Schluchzen. Wird ihm hier doch einmal mehr bestätigt, wie sehr Barblin Recht hat, einen anderen zu nehmen: „Sie kann mich nicht lieben, niemand kann's, ich selbst kann mich nicht lieben..."

Ein Kirchendiener tritt herein, um den Pater für die Messe anzukleiden. Während dies geschieht, bekommt Andri priesterliche Ermahnungen zu hören, die im Kern darauf hinauslaufen, er müsse sein Judsein annehmen, er sei nun einmal anders als die Andorraner: „Du bist nicht feig. Bloß wenn du sein willst wie die Andorraner alle, dann bist du feig..."

Orgelmusik mahnt zum Aufbruch. Mit der Frage, ob er verstanden habe, die zugleich Sorge und Hoffnung ausdrückt, wird Andri verabschiedet.

Die Beichte des Paters:

Der Pater bekennt auf den Knien, schuldig geworden zu sein, weil auch er sich „ein Bildnis gemacht" und Andri mit „an den Pfahl" gebracht habe.

Kommentar

Die Mechanismen des Vorurteils haben ihr Werk getan. Andris Identitätsverlust vollendet sich. Überzeugt vom eigenen Unwert, sieht er sich als ein Wesen, das niemand mögen oder gar lieben kann.

Dieser Zustand wird umso besser veranschaulicht, als Andri jetzt unter allen Andorranern dem einzigen gegenübersteht, der ihm wohlmeinend begegnet. Dennoch kann sich auch der Pater dem Vorurteil nicht entziehen. Nur ist sein Antisemitismus deutlich subtiler als derjenige der Ungebildeten. So bescheinigt er ihm nicht „Gemütlosigkeit", sondern „mehr Verstand als Gefühl" und nennt das bewunderungswürdig, einen „Funken", wie er Einstein oder Spinoza eigen war.

Am Anderssein Andris – ausgedrückt in Gehetztsein und Überempfindlichkeit – bewegt er freilich auch diesen von Amts wegen Wohlmeinenden nicht der mindeste Zweifel.

Das Gespräch leitet den Umschwung im Denken Andris ein: „Wie sollen die anderen dich annehmen, wenn du dich nicht selbst annimmst?"

Es markiert im Handlungsverlauf eine Zäsur nach den ersten sechs Bildern, die vorgeführt haben, wie Andri bei dem Versuch, sich einzugliedern, durch das Wirken antisemitischer Vorurteile konsequent ausgegrenzt worden ist, und es leitet über zur zweiten psychologischen Misshelligkeit des Spiels: zum Auftreten der Senora.

(VIII)

Doktor, Soldat, Wirt, Jemand, Tischler, Geselle, Senora, Idiot, Andri, drei weitere Soldaten

Auf dem Platz vor der Pinte geht es patriotisch zu. Der Wirt verteidigt sich, weil er einer „Fremdlingin", einer Senora von drüben, ein Gasthofszimmer vermietet hat. Der Soldat schimpft darüber. Der Doktor beschwichtigt ihn. Man kommt auf Andorra und beginnt in den höchsten Tönen übers Vaterland zu schwärmen. Seine Vortrefflichkeit ist so groß, dass man nicht wagen wird, es zu überfallen. Trotz aller Drohungen der Schwarzen. Das Reisegepäck des weiblichen Gastes, herbeigetragen von dem Idioten, wirft die Frage auf, ob es sich nicht um einen weiblichen Spitzel handelt. Wieder muss der Wirt sich rechtfertigen. Er beruft sich auf andorranisches Gastrecht und spricht ein Schlüsselwort: „Ich wäre der erste, der einen Stein wirft", den Vorwurf des Verrats weit von sich weisend.

Der Doktor verliert sich in einem Exkurs über die hohen moralischen Qualitäten des Staates Andorra, die einen Überfall durch die Schwarzen überhaupt nicht zulassen würden. Jemand gibt zu erkennen, dass ihn die hohlen Phrasen des Doktors nicht sonderlich überzeugen. Er wird prompt zur Ordnung gerufen. Der patriotische Eifer des Soldaten bringt es bis zu Schimpfreden; derjenige des Gesellen bis zu Tätlichkeiten gegen den Koffer der Senora. Der Doktor zeigt sich als politischer Kopf. Belästigung von Ausländern in Andorra könnte einen Aggressionsgrund liefern. Der Abstand zwischen dem eben beschworenen Weltgewissen auf Andorras Seite und der dümmlichen Aktion des Tischlergesellen scheint doch recht gering zu sein, wenn beide, wie sich aus des Doktors Reden folgern lässt, einander aufzuwiegen vermögen.

Das Auftreten der Senora sprengt die patriotische Runde. Nur Jemand und der Soldat bleiben. Andri erscheint auf der Bildfläche und setzt das Orchestrion in Gang. Die Senora schickt durch den Idioten einen Zettel an den Lehrer. Mittlerweile kehrt der Tischlergeselle mit drei anderen Soldaten zurück.

Andri, von Peider gereizt, packt den Soldaten am Kragen. Er wird daraufhin als der biblische David verspottet, der sich mit dem Goliath messen will. In heller Aufregung wirft er dem Gesellen seinen Verrat vor und schlägt Peider die Mütze vom Kopf. Aus solcher Eröffnung der Feindseligkeiten entwickelt sich eine handfeste Prügelei, in der Andri einer vielfachen und unfairen Übermacht erliegt. Der Geselle gibt ihm dabei einen Fußtritt von hinten. Soldatenstiefel tun ein Übriges.

Die Senora wäscht ihm schließlich die Wunden aus, fordert, dass man einen Arzt hole und begleitet Andri zu seinem Elternhaus. Der eintreffende Doktor sieht die beiden noch davongehen. Andri wollte sich von ihm nicht behandeln lassen.

Der Wirt schiebt alle Schuld an dem Vorfall Andri zu. Mit dem Orchestrion reize er beständig die Leute und angefangen mit der Schlägerei habe er auch. Allerdings hat er auch gesehen, dass Andri mit den Stiefeln getreten worden ist.

Für den Doktor findet sich Grund zu einem weiteren antisemitischen Ausfall: Dieses Volk legt's geradezu darauf an, dass andere ein schlechtes Gewissen haben müssen. Sie wollen, dass man ihnen ein Unrecht tut." Der Wirt soll die Spuren beseitigen und schweigen: „Sie brauchen nicht jedermann zu sagen, was sie mit eignen Augen gesehen haben."

Gespräch vor dem Lehrerhaus:

Die Senora und der Lehrer sprechen über Andri, ihren gemeinsamen unehelichen Sohn. Sie will wissen, warum damals, als der Knabe über die Grenze gebracht worden ist, die Lüge vom geretteten Judenkind entstand. Zwei-, dreimal hat sie in dieser Sache schon vergeblich an Can geschrieben. Der Lehrer reagiert hilflos-verlegen. Sie sucht selber die Erklärung: „Vielleicht wolltest du zeigen, dass ihr so ganz anders seid als wir. Weil du mich gehasst hast. Aber sie sind hier nicht anders, du siehst es, nicht viel."

Der Lehrer will den Andorranern jetzt die Wahrheit bekennen, aber er fürchtet ahnungsvoll, man könnte sie gar nicht annehmen.

Kommentar

„Denn um Andris Märtyrerrolle dramaturgisch plausibel zu machen, ist Frisch gezwungen, eine neue Figur einzuführen, die im achten Bild zum ersten Mal auftritt: die Senora, die Mutter Andris, die seinerzeit zu ängstlich war, ihr unehelich geborenes Kind zu behalten, und die nun nach zwanzig Jahren zum ersten Mal aus dem Land der Schwarzen nach Andorra reist, um sich um das Schicksal ihres Sohnes Andri zu kümmern. Weshalb, so könnte man fragen, die plötzliche Bekundung von mütterlichen Gefühlen, die zwei Jahrzehnte lang in ihrer Brust schlummerten? Zwar wird die Senora nicht als völlig herzlos hingestellt: Immerhin hat sie einmal einen Brief geschrieben und sich danach noch wiederholt nach dem Schicksal Andris erkundigt, aber nie eine Antwort erhalten. Daß sie nun ausgerechnet in dieser Situation auf der Bildfläche erscheint, hat mit psychologischer Wahrscheinlichkeit wenig zu tun, sondern geschieht – um es überspitzt zu formulieren – dem Autor Frisch zu Gefallen, der sie am Ende des neunten Bildes durch einen Steinwurf prompt ins Bühnenjenseits befördern läßt und nun ein weiteres Motiv für Andris Märtyrerrolle hat. Denn der Mord, den der Wirt an der Senora begangen hat, wird Andri zur Last gelegt." (Manfred Durzak)[28]

(IX)

Senora, Andri, Lehrer, Mutter, Pater

Dazu aufgefordert, schickt sich die Senora an, Andorra zu verlassen. Eine sentimentale Anwandlung verzögert jedoch den Aufbruch aus dem Lehrerhaus. Erinnerungen steigen auf an die Zeit, da sie selber in Andris Alter war. Als sie sich schließlich auf den Weg begibt, wird sie von ihm begleitet.

---

28 Manfred Durzak, Dürrenmatt. Frisch. Weiss...., S. 228 f.

Die Frau des Lehrers kennt jetzt die Wahrheit. Andri selbst soll sie vom Pater erfahren, der gerade eintritt. Sie beneidet ihn nicht um diese schwere Aufgabe, muss er doch an die Stelle des Judseins kraft seiner religiösen Autorität nun Andris Andorranertum zu setzen suchen. Bei den Andorranern hat es der Pfarrer bislang vergeblich versucht, der Wahrheit zur Wirkung zu verhelfen.

Andri kommt zurück. Die Senora hat ihn weggeschickt, beschenkt mit einem Ring, den sie selbst getragen hatte. Jetzt geht der Lehrer ihr nach, um sie zu begleiten.

Zum zweiten Male widmet sich der Pfarrer der Aufgabe, Andri umzustimmen. Doch er stößt auf einen unüberwindlichen Widerstand, den er gewissermaßen selbst herbeigeführt hat. Andri hat sich angenommen als „Jud von Geburt". Nun will er sich dem Gespräch überhaupt entziehen. Der Pater muss sich autoritär geben, um Gehör zu finden. Feierlich beginnt er: „Ich bin gekommen, um dich zu erlösen..." Doch auch das bleibt vergebens. Andri verweigert sich der neuen Wahrheit: „Euch habe ich ausgeglaubt."

Lärm dringt zwischendurch von der Gasse herein. Im folgenden Monolog bestätigt Andri Punkt für Punkt die Vorurteile der Andorraner als zutreffend und schließt: „Hochwürden haben gesagt, man muss das annehmen, und ich hab's angenommen. Jetzt ist es an Euch, Hochwürden, euren Jud anzunehmen."

In einer folgenden Monologpartie steigert sich Andri in eine Art Märtyrervision, die metaphysische Züge trägt.

Der Lehrer kehrt zurück. Ein Steinwurf hat die Senora getötet. Der Wirt beschuldigt Andri der Tat, die er mit eigenen Augen gesehen haben will. Der Lehrer hindert Andri wegzulaufen. Er ruft den Pater zum Zeugen dafür an, dass Andri mit ihm zusammen gewesen ist.

Die Zeugenaussagen des Jemand:

Jemand bekennt, es sei keineswegs erwiesen, wer den Stein damals geworfen hat. Er erinnere sich wohl an Andri, und dieser habe ihm leidgetan, als ihn die Soldaten holten. Aber einmal müsse man auch vergessen können.

Kommentar

Wie schon im sechsten Bild setzt auch hier das Gespräch Pater-Andri eine Zäsur. Der Vorgang ist abgeschlossen, der durch die Einwirkung des Paters eingeleitet worden war: Andri hat sein Judsein akzeptiert, eine neue Identität gefunden.

Was sich zwischen beiden Disputen vollzieht, lässt an die theatralische Technik denken, einen Menschen „umzumontieren", wie sie Bertolt Brecht vorgeführt hat.[29]

Freilich erschöpft sie sich hier in psychologischem Umrüsten, das sich vollzieht über körperliche Qualen und Erschütterungen des Gemüts. Andri wird verprügelt und getreten. Er lernt seine leibliche Mutter kennen – zunächst ohne Wissen darum, dass sie dies ist – und erfährt schließlich von seiner wahren Abstammung. Aber er vermag sich nun nicht mehr von der bewusst gewählten Identität des Juden zu lösen: „...es ist so, wie sie sagen: Ich fühle mich nicht wie sie. Und ich habe keine Heimat."

Markant aus der Handlung heraus tritt jener Monologteil, der das Judentum Andris zur Vision überhöht: „Ich möchte nicht Vater noch Mutter haben...".

Fünfzehnmal fällt bis zum Einwurf Paters das Pronomen „ich". Die Überhöhung vollzieht sich in der sprachlichen Form wie in der inhaltlichen Substanz. Das Pathos dieses Monologs bewirkt Entindividualisierung. Hier artikuliert sich nicht mehr ein Jüngling aus den Erfahrungen seiner – wenngleich sonderbaren – Lebenssituation, sondern ein Reifer, Erleuchteter, ein Auserwählter seines Volkes. Hier geht es biblisch würdig und getragen zu.

---

[29] 1927 wurde „Mann ist Mann" von Brecht uraufgeführt. Das Stück berichtet von einem, der ausgeht, Fisch zu kaufen, aber durch Gewalt und äußere Einflüsse sich als Kolonialsoldat wiederfindet. In einem Zwischenspruch wird der Symbolcharakter des Stückes zusammengefasst: „Hier wird heute Abend ein Mensch wie ein Auto ummontiert, ohne dass er irgendetwas dabei verliert..." Auch im Parabelstück ‚Der gute Mensch von Sezuan' vollzieht sich solches ‚Ummontieren', wenn vor dem Vorhang die gute Shen Te zum bösen Vetter Shui Ta wird.

Man vermag Manfred Durzak wohl zu folgen, wenn er meint: „Man kann sich nicht ganz des Eindrucks erwehren, daß Andri hier in die Rolle des ewigen Juden, des Ahasverus, hineinwächst,...Andri...steigert sich hier in die monumentale Rolle eines Märtyrers hinein, für den der Schicksalsweg des jüdischen Volkes zur Projektion seiner Verzweiflung wird. Die Unwahrheit der Figur liegt zumindest gegen Ende des Stückes darin, dass Andri seine Verzweiflung nicht als die seiner individuellen Situation bekennt, sondern sich zum stellvertretenden Leidtragenden des jüdischen Volkes stilisiert."[30]

Daß man diesen Monologteil auch ganz anders sehen kann, zeigt sich in der Antithese des nachstehenden Zitats: „Der große Monolog, mit dem der tragische Held ‚reif' zum Untergang wird, gehört als dramatische Klimax und als sprachliche Fügung zu den Meisterstücken gegenwärtiger Dichtung." (Johannes Jacobi)[31]

(X)

Andri, Lehrer, Soldat, Doktor, Wirt, Tischler, Geselle, Jemand, mehrere entwaffnet über den Platz gehende Männer

Andri sitzt allein auf einem freien Platz. Die Stadt liegt wie ausgestorben. Er weiß sich beobachtet. Die Stimme eines Unsichtbaren flüstert ihm hinter einer Mauer hervor Warnungen zu.

Der Lehrer, ein Gewehr im Arm, betritt den Platz. Er fordert Andri auf, sich von hier zu entfernen. Andorra ist von den Schwarzen besetzt. Sie können jeden Augenblick erscheinen. Doch Andri weigert sich mit der stereotypen Versicherung: „Ich habe den Stein nicht geworfen." Lautsprecher dröhnen Mitteilungen der Besatzungsmacht. Waffenlose Männer gehen über den Platz. Die ersten schwarzen Fahnen werden von Andorranern gehisst. Andri erkennt hellsichtig: „Jetzt brauchen sie nur noch einen Sündenbock."

---

30 Manfred Durzak, Dürrenmatt. Frisch. Weiss...., S. 228
31 zitiert nach: Rolf Eckart, Max Frisch. Andorra. Interpretation, S. 34

Trotz flehentlicher Beschwörungen des Lehrers, sich als Andorraner zu bekennen, bleibt Andri unbeugsam: „Ich bin nicht dein Sohn." Er identifiziert sich mit der Leidensgeschichte des jüdischen Volkes: „Ich bin nicht der erste, der verloren ist...Ich weiß, wer meine Vorfahren sind. Tausende und Hunderttausende sind gestorben am Pfahl, ihr Schicksal ist mein Schicksal."

Die Entwaffnung der Andorraner geht weiter. Der Soldat erscheint auf der Szene. Er folgt ungebrochen Befehlen. Jetzt denen der Schwarzen und entwaffnet den wütenden Lehrer, der sein Gewehr auf die herbeigekommenen Andorraner gerichtet hat. Mitten durch sie hindurch stürzt er davon, Andri nach. Dieser erscheint beim Orchestrion und wirft eine Münze ein.

Spiel im Vordergrund:

„Während das Orchestrion spielt: zwei Soldaten in schwarzer Uniform, jeder mit einer Maschinenpistole, patrouillieren kreuzweise hin und her."

Kommentar:

Wie willig abgelieferte Armierung und die schwarzen Fahnen an andoranischen Masten zeigen, ist das Verhältnis der Besetzten zu ihren Besatzern grundsätzlich opportunistisch – mit zwei Ausnahmen: Andri, der den Opfergang vor sich weiß, und der Lehrer, der im Gespräch mit dem Sohn zum ersten Mal die Motive seiner schuldhaften Verstrickung bekennt: die Angst davor, den Andorranern seinerzeit als Vater eines Kindes gegenübertreten zu müssen, das er mit einer „Schwarzen" gezeugt hatte. Sein ohnmächtiger und im Keim erstickter Versuch, die Flinte auf die eigenen Landsleute zu richten, stellt im Grunde einen spontanen Versuch dar, sich für diese aufgenötigte Lebenslüge bei ihren Verursachern zu rächen. Für die andorranischen Bürger gilt: „Feige sind sie allesamt, denn niemand leistet den Feinden Widerstand. Diejenigen, die am mutigsten gebrüllt haben, wie der Soldat und der Doktor, die die Tugenden ihrer Heimat gerühmt haben über die aller anderen Staaten, sie werden zuerst Handlanger, beziehungsweise sind Opportunisten bei den ‚Schwarzen'"[32]

---

32 Sybille Heidenreich, Frisch. Andorra...S. 54

(XI)

Andri, Barblin, zwei Soldaten in schwarzer Uniform

Andri ist zu Barblin gelaufen. Vor ihrer Kammer kommt es zu einem letzten Gespräch zwischen den Halbgeschwistern.

Andri erinnert sich an die Nacht, in der Barblin mit dem Soldaten geschlafen hat. Erst will das Mädchen sich gegen die bohrende Ungerechtigkeit in seinen Fragen zur Wehr setzen. Dann aber beherrscht sie doch zu sehr die Angst um den Bruder. Sie will, dass er sich in ihrer Kammer versteckt, von deren Existenz niemand Kenntnis hat – außer eben der Soldat. An- und abschwellendes Trommelgeräusch dringt in die Szene. Es symbolisiert die Suche nach Andri in der Stadt.

Selbstquälerisch kreisen dessen Gedanken um die Enttäuschung jener Nacht. Jäh schlägt die Stimmung um. Andri besinnt sich auf seine neue Identität. „...ich bin nicht dein Bruder", und mit einer gewissen wütenden Folgerichtigkeit drängt er Barblin, sich ihm hinzugeben. Die Geräusche, welche das Herannahen der Verfolger erkennen lassen, reißen ihn aus seinem wahnhaften Tun. Der Soldat Peider hat die Schwarzen hergeführt. Andri wird gefesselt zur Judenschau geführt.

Zeugenaussage des Doktors:

Der Doktor sagt – trotz der Versicherung, sich kurzfassen zu wollen – mit einem aufwendigen Wortschwall dasselbe, wie andere vor ihm: Wir waren im Irrtum. Es tut uns leid. Ich habe keine Schuld.

Kommentar

Diese Szene korrespondiert vom Schauplatz her mit dem sechsten Bild und durch den Inhalt von Andris Erinnerungen. Beziehungsfäden knüpfen sich auch vom zweiten Bild her.

Sie enthält außerordentlich theaterwirksame Elemente: Das Trommeln, welches die permanente Bedrohung über der Szene gegenwärtig hält; der sprunghafte Wechsel in der Stimmung mit der immer wieder durchbrechenden Angst im Zentrum; die geräuschweise Untermalung der herannahenden Verfolgung mit Fensterklirrren und Haustürlärm.

Die sexuelle Attacke des Wahljuden Andri auf seine Halbschwester Barblin erweist sich als Umkehrung der adäquaten Situation im zweiten Bild. Dort wollte Andri Andorraner sein. Barblin warb um die körperliche Vereinigung. Er verweigerte sich aus Gründen der gewählten Rolle: „Meinesgleichen, sagen sie, ist geil, aber ohne Gemüt..."

Jetzt will Andri Jud sein und demonstriert tatsächlich für einen Augenblick gemütlose Geilheit, offenkundig wieder aus Treue zur gewählten Rolle, gleichsam um auch noch dem letzten der Vorurteile zu genügen. Barblin spricht aus, was dem Wesen dieses Augenblicks entspricht: „Du bist irr!"

In der Tat schließt Andris bedingungsloses Festhalten am Judsein ein wahnhaftes Element ein. Auch wenn er dieses Rollenspiel im nächsten klaren Augenblick selbst entlarvt, durch die aufrichtige Besorgnis um Barblin: „Wenn sie dich finden bei mir, das ist nicht gut."

Es ist der letzte zusammenhängende Dialogbeitrag Andris im Stück. Danach folgt nur noch ein sich wehrendes „Nein" aus seinem Munde, als ihm bei der Judenschau der Ring der Senora vom Finger genommen werden soll.

Und er hebt damit gleichsam die Selbststilisierung des hypothetischen Juden auf, in einer „andorranischen" – will sagen gemütvollen – Geste der Zuwendung zu Barblin, seiner Schwester.

In einem bemerkenswerten Teilsatz bescheinigt die Zeugenaussage des Amtsarztes dem Andorraner Andri, dass er „etwas Jüdisches hatte". Es liegt in der Dialektik dieser Bühnengestalt, dass dem „Jud" Andri durchaus etwa Andorranisches anhaftet.

(XII)

Doktor, Geselle, Wirt, Jemand, Barblin, Idiot, Lehrer, Andri, Soldat, Tischler, Judenschauer, Mutter, Pater, Vermummte, Soldaten in schwarzer Uniform

Die Andorraner sind auf dem Platz versammelt. Sie werden bewacht von Soldaten in schwarzen Uniformen. Angst liegt über der Szene. Nur der Doktor führt kooperative Reden. Barblin läuft zwischen den Menschen umher und flüstert beschwörend auf sie ein. Später erfährt man, dass es ihr darum geht, ein Zeichen zu setzen, Widerstand zu leisten.

Schwarze Tücher werden verteilt, die nach dem Angstschweiß der Vorbenutzer stinken. Von Andri redet man, für den Wirt eine willkommene Gelegenheit, seine Version vom Mord an der Senora zu wiederholen. Ein Trommelsignal fordert auf, sich mit den Tüchern zu vermummen. Nur dem Idioten bleibt das erlassen.

Der Wirt weigert sich zunächst. Geplagt vom schlechten Gewissen und der Angst entdeckt zu werden als wirklicher Steinwerfer, will er nicht unter das schwarze Tuch. Er nimmt es erst, um dem offenen Mordvorwurf des Lehrers zu entgehen.

Barfuß müssen die Vermummten über den Platz marschieren. An ihren Füßen werden die Juden unter ihnen erkannt. Der Lehrer schreit seine Anklage heraus zwischen den Vermummten. Man suche nicht den Mörder, sondern nur den, der an die Mordtat erinnert.

Peider, der Soldat, organisiert die Vorbereitungen und den Ablauf der Judenschau streng nach den Befehlen der schwarzen Besatzer. Pfeifsignale geben die nötigen Zeichen.

Auf den ersten Pfiff reagiert nur der Idiot. Im nächsten Augenblick wirft Barblin ihr Tuch vor die Füße des Judenschauers und fordert ihre Landsleute auf, nicht über den Platz zu gehen. Schwarze Soldaten schleifen sie weg. Die Judenschau nimmt nun einen reibungslosen Verlauf. Nur des Doktors Schuhe sind vertauscht worden. Das falsche Paar lässt er an der Bühnenrampe zurück.

Plötzlich ertönen drei Pfiffe. Das Judenzeichen. Doch unter dem Tuch kommt Jemand hervor, der schließlich doch passieren darf. Erst das nächste Dreifachsignal meint Andri.

Die Interventionen des Lehrers und der Mutter führen zwar dazu, dass der Judenbeschauer Andri nochmals vornimmt. Aber sie ändern nichts am Ergebnis. Ehe ihn die Schwarzen wegführen, will Peider den Ring der Senora haben. Andri weigert sich. In diesem Falle, weiß der Soldat, wird man ihm den Finger abhacken. Und noch ehe Andri abgeführt wird, hört man tatsächlich einen Schmerzensschrei.

Dieser Schreck treibt die inzwischen freigelassenen Andorraner auf einen Schnaps in der Pinte. „Das mit dem Finger ging zu weit...", spricht der Tischler ihre einhellige Meinung aus.

Orchestrionmusik und Lichteinzug deuten einen Zeitsprung an. Wenn es wieder hell wird, sieht man Barblin das Pflaster des Platzes weißeln. Ihr Haar ist geschoren. Sie redet irre. Der Pater steht bei ihr. In deutlicher Rückverweisung auf das erste Bild sieht Barblin überall Blut, das sie durch die weiße Farbe wegzutünchen sucht. Von Peider will sie wissen, wohin er ihren Bruder gebracht hat. Den Doktor fragt sie nach Andris Finger, und den Pater, wo er gewesen sei, als sie „unseren Bruder geholt haben wie Schlachtvieh". Der Geistliche weiß zu berichten, was inzwischen geschehen ist: Der Lehrer hat sich im Schulzimmer erhängt. Barblin sucht nun nicht nur ihr Haar und ihren Bruder, sondern auch noch den toten Vater. Als Pater Benedikt sie wegführen will, bleibt Barblin noch einmal stehen bei den Schuhen, die noch immer von der Judenschau künden: „Hier sind seine Schuh. Rührt sie nicht an! Wenn er wiederkommt, das hier sind seine Schuh.", sind die letzten Worte des Stückes.

Kommentar

Man nennt die Judenschau eine „mancherorts wegen ihrer Überspitzung kritisierte Szene" (Heidenreich), „theatralischen Ersatz" (Stäuble), eine „Gegenüberstellung von Leben und Tod" (Jurgensen), „Farce des Grauens" (Eckart) oder auch „Verdeutlichung des kollektiven Schicksal des Judentums" (Durzak). So verschieden der Ansatz für diese zufällig ausgewählten Deutungen im jeweiligen Falle sein mag, belegen sie doch das eine: die Judenschau ist ein prächtiges Stück Bühnenwerk, das zur Auseinandersetzung reizt.

Gewisse Anleihen beim absurden Theater – die Vermummten, die Füße als Rassenmerkmal, das irre Weißeln der Barblin zum Beispiel – sind unübersehbar. Frischs eigene Forderung nach enthistorisierter Darbietung des Stückes gehört unbedingt in den Kontext dieser Szene. Man erinnere sich seiner Anweisung: „Bei der Uniform der Schwarzen ist jeder Anklang an die Uniform der Vergangenheit zu vermeiden."[33] Einer Deutung wie der nachstehenden, vermag man deshalb nicht ohne kritischen Einwand zu folgen: „Hier mutet Frisch dem Publikum wiederum zu, daß ihm nicht zu Bewußtsein komme, wie die Judenschau wirklich vor sich ging. Die Männer mußten sich nackt ausziehen und zeigen, ob sie beschnitten seien oder nicht. Durch die theatralische Symbolik wird das ungeheuer Erniedrigende dieser Prozedur auf eine Weise verharmlost, die der wissende Zuschauer nicht ohne weiteres hinzunehmen gewillt ist."[34]

Hans Magnus Enzensberger, frei von jeder Beckmesserei, befindet sich im Gegensatz dazu: „‚Andorra' ist kein historisches Drama, und erst recht keine Aktualität in jenem Sinn, der die bekannten kurzen Beine hat. Die ‚Schwarzen' sind nicht die SS, der Judenschauer ist nicht Eichmann, und nicht einmal der Jude ist ein Jude."[35]

---

33 Max Frisch, Stücke. Band 2, S. 346

34 Eduard Stäuble, Max Frisch, S. 215 – Wir sehen nachstehendes Zitat im Kontext zu Stäubles Einwand: Im Zusammenhang mit einer Aufführung des Auschwitz-Prozess-Stückes ‚Die Ermittlung' von Peter Weiss, das 1980 an der Freien Volksbühne Berlin inszeniert wurde, merkt man zurückschauend auf 1965 an: „Vor 15 Jahren, als „Die Ermittlung' von Piscator in derselben Berliner Volksbühne uraufgeführt wurde, zugleich mit einem guten Dutzend weiterer deutscher Bühnen, war das ganz anders. Damals warf das Theater sich landauf, landab in Sack und Asche, um dem grauenhaften Gegenstand in scheuer Pietät zu nahen. Die Scham-Parole hieß: Verzicht auf alle theatralischen Mittel – als müsste das Theater, um Ernst zu bekunden, sich erst einmal demonstrativ seiner selbst schämen." (Der Spiegel 13/1980, S. 244- ‚Rosskur', Autor: Urs Jenny)

35 zitiert nach: Sybille Heidenreich, Frisch. Andorra. Biedermann..., S. 52.

Das Symbolische gibt der Szene Leben. Und wie Frisch damit umgeht, verdient gerade hier, mit Respekt vermerkt zu werden. So berichtet eine Probenotiz von den stehen bleibenden Schuhen Andris. Der Dichter notierte, er sei von der Wirkung seines Einfalls auf der Bühne so enttäuscht gewesen, bis eines Tages ein Schauspieler die Schuhe anders, nämlich nicht mehr schaufenstergerecht parallel hinstellt: „...und plötzlich sind sie mehr: ich sehe Standbein und Spielbein, ich sehe den Menschen, der geholt und getötet worden ist. Rührt seine Schuhe nicht an!"[36]

Ein anderes aus der Fülle weiterer symbolischer Details sei abschließend betrachtet. Der Judenschauer putzt, bevor er seine Tätigkeit aufnimmt, den Zwicker. Zwei Wirkungen werden erreicht: die Betonung des beamtenhaft Korrekten, der bürokratischen Erbarmungslosigkeit des Vorganges, und – zumindest beim zeitkundigen Rezipienten – ergibt sich der assoziative Bezug zu Heinrich Himmler, dem Reichsführer der SS. Dass die Judenschau von daher ganz selbstverständliche Bezüge findet zu Todesselektionen der KZ-Verladerampen, ergibt sich beinahe zwangsläufig, bewirkt von einem einzigen Requisit: dem Kneifer auf der Nase des Judenschauers.

Dazu fügt sich eine Anmerkung des Dichters in der Probenotiz „Kostüme". Max Frisch sagt dort: „Das Unglaubhafte, beispielsweise ein Schauspieler in einer Bekleidung, die kein Kostüm ist, versehen aber mit einer Krone, um den König zu spielen, ist Theater; alles Weitere, was an königlichem Kostüm hinzukommt, verweist ihn in den Bezirk peinlicher Unglaubwürdigkeit. Brecht hat einmal, zusammen mit Neher, einen Versuch in diese Richtung gemacht, als er die Figuren seiner Antigone in einer Bekleidung auftreten ließ, die nicht bedeutend ist, nur fremd, nämlich in Sacktuch."[37]

---

36 Max Frisch. Stücke Band 2, S. 353
37 ebenda, S. 355

3.4 Sachliche und sprachliche Erläuterungen

Michelin-Männchen: Werbefigur einer französischen Reifenfirma.

Sanktgeorgstag: Der 23. April ist dem Ritter Sankt Georg gewidmet, der als einer der vierzehn Nothelfer angeblich 303 n. Chr. den Märtyrertod starb. Nach der Legende aus dem 12. Jahrhundert hat er einen Lindwurm getötet, der die Königstochter Aja zu verschlingen drohte. Er gilt als katholischer Patron der Sattler und Küfer, sowie als Schutzheiliger der Krieger. Die Kreuzfahrer führten sein Bild im Panier. Den Engländern gilt er als Schutzpatron ihrer Insel. Im zaristischen Russland prangte er samt Lindwurm im Wappen. Als bedeutendste Darstellung findet man seine Statue von Donatello in Florenz.

Kohlensack: verballhornende Bezeichnung für den Pater, die auf die Farbe seines geistlichen Gewandes anspielt.

Pinte: ursprünglich ein Flüssigkeitsmaß; später vor allem in der Schweiz als Bezeichnung für ein Wirtshaus bescheidener Kategorie verwendet.

Kindermord zu Bethlehem: Anspielung auf Matthäus 2, 13-18; Herodes ließ alle Knaben umbringen, die zwei Jahre und jünger waren, um sich des Jesuskindes zu entledigen. Joseph aber hatte mit dem Knaben und seiner Mutter rechtzeitig die Flucht angetreten.

schmutzige Augen: der Pater erkennt bei dem Soldaten Peider deutliche Anzeichen jener Geilheit, die man in Andorra den Juden vorwirft.

Vesperglocken: lat. vespera = der Abend; in der katholischen Kirche die auf 18 Uhr fallende hora canonica.

die Stores: frz., Fenstervorhang.

der Pfahl: Der Pfahl geht als leitmotivisches Symbol durch das Stück. Darauf bezieht sich eine Probenotiz Frischs, die im Band 2 der ‚Stücke' auf den Seiten 352 f. wiedergegeben ist.

Trester: auch Treber, Träber; Rückstände bei Wein- oder Obstweinbereitung, Würzreste bei der Bierbrauerei; Weintrester kann mit Zucker und Wasser vermischt zu Tresterwein bzw. Branntwein weiterverwendet werden.

*

dein leichtes warmes bitteres Haar: die wahnsinnige Barblin wird im letzten Bild ihr Haar suchen, weil man es ihr abgeschoren hat.

*

Tschersi: dialekt. für Jersey; Trikothemd, schweiz. Trikotleibchen.

ich bin Käpten: Kapitän der Fußballmannschaft.

Zedern vom Libanon: ein Baum, der typisch ist für das Libanongebirge, er wird bis zu 40 m hoch und trägt eine anfangs kegel-, zuletzt unregelmäßig schirmförmige Krone.

Schnorren, Schnorrerei: eigentlich ‚mit der Schnurrpfeife umherziehen', Betteln, Bettelei.

Klagemauer: Teil der westlichen Mauer des von Herodes d. Gr. erweiterten Tempels in Jerusalem; Kultstätte der Juden.

*

mens sana in corpore sano: Teil des lateinischen Spruches ‚sit mens sana in corpore sano': ein gesunder Geist in einem gesunden Körper (möge sein).

Virus: lat. Schleim, Gift; Krankheitserreger äußerst geringer Größenordnungen.

Der Andorraner macht keine Bücklinge: oberdt. ‚Bücking', niederdt. ‚Bückling'; Ostseehering, gesalzen und geräuchert; vermutlich entstand die Sinnübertragung zu ‚Verbeugung' aus der Klangverwandtschaft zu ‚bücken', ‚sich bücken'; Sinn der Wendung: der Andorraner verhält sich nicht untertänig.

mit Tollkirschen, aber es war Winter: im Augenblick wahnhaften Begehrens, kurz bevor Andri zur Judenschau geholt wurde, erinnert er Barblin im elften Bild: ‚Denk an unsere Tollkirschen‑'.

*

ein Egel: Blutegel, zählt zur Unterklasse der Ringelwürmer.

*

Klimperkiste: gemeint ist das Orchestrion.

Ich verdanke dir mein Leben: im biologischen Sinn sagt Andri durchaus die Wahrheit; er meint aber die einstige Rettungstat; erst aus diesem Doppelsinn ergibt sich die Rechtfertigung, das Motiv des Lebensdankes mit solchem Nachdruck textlich zu strapazieren.

Kann man finden einen besseren Stuhl?: typische Satzstellung des Judendeutschen, das ursprünglich als Dialekt von oberdeutschen Juden im 14. und 15. Jahrhundert in Polen eingeführt wurde, sich dort mit anderem Sprachgut mischte und vorwiegend vom jüdischen Bevölkerungsteil in Galizien, Russland, Ungarn und Rumänien gesprochen wurde; auch eine bedeutende, religiös orientierte Literatur hat sich herausgebildet, die gegen Ende des 19. Jahrhunderts stärkere Tendenzen gewinnt.

pissen: umgangssprachlich für ‚urinieren'

ich mach dich zur Sau: Drohung mit körperlicher Gewalt, häufig verwendet im Militärjargon als Ankündigung für den Einsatz disziplinierender Maßnahmen bis zur völligen Erschöpfung.

*

Sakristei: mittelalt., abgesonderter Raum in der Kirche für die Aufbewahrung der heiligen Geräte und für den Aufenthalt der Priester.

Hochwürden: Prädikat der ev. Geistlichkeit vom Superintendenten (Metropolitan, Dekan) aufwärts, der Feldpröbste, der Doktoren der Theologie und der Domherren; ferner aller kath. Priester.

Einstein: Albert, 1879-1955; Schöpfer der Relativitätstheorie, wegen seiner jüdischen Herkunft und seines eindeutig antifaschistischen Engagements musste er 1933 in die USA emigrieren, wo er am Institute for Advanced Studies in Princeton tätig war; in Anlehnung an den Pantheismus Spinozas glaubte Einstein an einen Gott, der mit der erkennbaren gesetzmäßigen Ordnung der Welt zu identifizieren ist und sich in der ‚Harmonie des Seienden' zeigt. Aus der ‚kosmischen Religiosität' bezog er wissenschaftliche und ethische Motivationen.

Spinoza: Baruch, 1632-1677, entwickelte ein monistisches System materialistischer Metaphysik, das er den religiösen Lehren des Juden- und Christentums kritisch entgegensetzte; Sohn einer jüdischen Kaufmannsfamilie. Spinozas Gedanken haben die französische Aufklärung wie auch die deutsche Klassik in Literatur und Philosophie beeinflusst.

Du sollst dir kein Bildnis machen...: Anspielung auf Exodus 20,4 im Alten Testament, wo es heißt: „Du sollst dir kein Gottesbild machen, noch irgend ein Abbild von etwas, das droben im Himmel oder unten auf der Erde oder im Wasser oder unter der Erde ist."

*

Senora: Herrin, Dame, Frau; portugiesische und spanische Anrede.

die Letzten werden die Ersten sein: nach Matthäus 20, 16; So werden die Letzten die Ersten sein und die Ersten die Letzten.

wenn sie Klotz hat: wenn sie gut zahlt, wenn sie Geld hat.

David und Goliath: Anspielung auf 1. Samuel 17, 1-54 im Alten Testament; David hat Goliath im Zweikampf besiegt, indem er ihn mit Hilfe einer Schleuder zu Boden gebracht hat; nach 2. Sam. 21, 19 wurde Goliath aber erst unter König David von Elchan aus Bethlehem erschlagen. Bekannt und mehrfach vertont wurde zu diesem Stoff das Gedicht Matthias Claudius von 1777 „War einst ein Riese Goliath".

*

Topas: rhombisches Mineral, das in seinen schön gefärbten und durchsichtigen Varietäten als Schmuckstein geschätzt wird.

euch habe ich geglaubt: dem Sinn nach ‚ich vermag euch nichts mehr zu glauben'.

Mein einziger Zeuge ist tot: die Rede ist von der ermordeten Senora, welche als einzige die Wahrheit über Andris Abstammung bestätigen könnte.

Fötzel: schweiz. für Lump, Taugenichts.

*

Denk an unsere Tollkirschen: Rückverweis auf das vierte Bild.

einer gewissen Aktualität erlegen: Der Doktor umschreibt mit dieser Floskel die antisemitistische Grundstimmung in der andorranischen Bevölkerung, welche zur Zeit der Geschehnisse herrschte. Diese Äußerung steht im Kontext zur Bemerkung der Senora im achten Bild: „Aber sie sind hier nicht anders, du siehst es, nicht viel."

*

Sie will ein Zeichen geben: Diese Wendung ist doppelsinnig zu verstehen. Vordergründig meint sie Barblins Signal für den Beginn der Widerstandsaktion, gleichsam in Konkurrenz zu den Pfeifsignalen der Judenschau. In einem überhöhten Sinn aber trägt ‚Zeichen' die Bedeutung ‚moralisches Beispiel'.

Das Hoheitszeichen kommt oben rechts: In einer ‚Anordnung des Stellvertreters des Führers v. 6. Nov. 1936' heißt es dazu in klangvollem Deutsch: „Parteigenossen dürfen das Hoheitszeichen statt oder unter dem Parteiabzeichen tragen.

3.5 Die Personen

3.5.1 Der hypothetische Jude Andri

Er ist Demonstrationsgestalt wie das dazugehörige Elternpaar, der Lehrer und die Senora, im Dienste einer Aussageabsicht, die das „alte Frisch-Thema: der Mensch auf der Suche nach seiner Identität"[38] variiert. Alle drei Gestalten beziehen aus dieser Zweckbestimmung einen Bruch ihres Charakterbildes, der notwendig wird, um sie theaterwirksam einfunktionieren zu können.

Geboren wird Andri als ein Kind der Liebe, die sich anmaßt, von Menschenwillkür gezogene Grenzlinien zu überschreiten. Eben dieser Umstand gerät zur Wurzel seiner existenziellen Not. Er bedingt den ersten Schritt auf den ‚Pfahl'zu, an dem Andri schließlich die Vollendung seines Schicksals findet.

Zunächst lernen wir einen Austauschbaren kennen: er liebt, mag Musik, hat berufliche Pläne und Vorlieben, kennt romantische Anwandlungen und leidet unter Selbstzweifeln, die manchmal auch in ihr Gegenteil umschlagen. Mit Pflegeeltern und Stiefschwester führt er eine Kleinbürgerexistenz, will in der Fußballkluft für die schwarz-gelben Farben kämpfen und ärgert sich nach Kräften über seinen ungerechten Lehrmeister. Das alles gehört zum Erlebniskreis junger Männer überall in der zivilisierten Welt, Banalitäten, Austauschbares eben.

Aber schon sehr bald verliert sich dieser Eindruck zugunsten einer zunächst aufgedrängten, dann akzeptierten und schließlich wider alle Vernunftgründe behaupteten Minderheitenposition, die endlich – und hier liegt der Bruch der Gestalt – nicht mehr ein Einzelschicksal im Blick hält, sondern die Leiden eines ganzen Volkes. Andris Entwicklung führt vom verhinderten Fußballspieler – für einen sportbegeisterten Jungen wahrhaftig eine individuelle Katastrophe tragischen Ausmaßes – geradewegs zum „stellvertretenden Leidtragenden des jüdischen Volkes"[39] und gibt ihm den Ruch märtyrerhafter Übersteigerung, der sich

---

38 Manfred Jurgensen, Max Frisch. Die Dramen, S. 82.
39 Manfred Durzak, Dürrenmatt. Frisch. Weiss, S. 228.

auch in der Figurensprache artikuliert: „Ich bin alt. Meine Zuversicht ist ausgefallen, eine um die andere, wie Zähne. Ich habe gejauchzt, die Sonne schien grün in den Bäumen, ich habe meinen Namen in die Lüfte geworfen, wie eine Mütze, die niemand gehört wenn nicht mir, und herunter fällt ein Stein, der mich tötet..."[40]

Das Pathos, mit dem Andri hier der aufgesetzten Leidenssymbolik entspricht, hebt sich überaus deutlich ab von den reichhaltigen und immer angemessenen Stilmitteln, die diese Gestalt durchgängig kennzeichnen. Da findet sich die Schnodderigkeit der Jugend – toll, fantastische Frau, der Alte – neben den Tönen der Empfindsamkeit und Liebe – heut läuten die Glocken für mich, die Nacht ist wie Milch, dein leichtes, warmes bitteres Haar –, und wenn es gilt, ist auch ein grobes Wort zur Hand: „Du stinkst ja nach Trester".

„Andris Sprache hat die größte Spannweite. Sie ist lyrischer Töne genauso fähig wie grob alltäglicher. Sie lebt ganz aus der inneren Bewegung. Immer ist sie unverfälschter Ausdruck seiner Freude, seiner Trauer oder seines Zornes."[41]

Andris Judesein ist nicht ohne einen Seitenblick auf Max Frischs Andorra-Modell zu erleuchten. Im ersten Bild nennt der Pater Andorras wichtigste Charakteristika: schön, arm, friedlich, schwach, fromm. Das Land der Schwarzen ist Andorra benachbart, es verkörpert eine permanente Bedrohung, aggressiv, offen antisemitistisch, überlegen gerüstet. In seiner Entwicklung gab es die „Zeit der großen Morde", von der die Senora im achten Bild spricht – unwillkürlich drängt sich die historische Parallele der ‚Reichskristallnacht' auf. Just zur selben Zeit wird Andri geboren und von seiner leiblichen Mutter, der Senora, ihrem Geliebten übergeben, damit er das Kind über die Grenze nach Andorra bringe. An der Grenze angekommen, erfindet der Lehrer Can die Geschichte vom geretteten Judenkind.

> *Das Motiv der Kindesmutter:* Angst vor den eigenen Leuten, weil sie sich mit einem von drüben eingelassen hat.

---

40 Max Frisch, Stücke. Band 2, S. 91
41 Rolf Eckart, Max Frisch. Andorra. S. 32 f.

Das Motiv des Kindesvaters: Angst vor den eigenen Leuten, weil er sich mit einer von drüben eingelassen hat.

Die Folgen für Andri: Angst vor den anderen, ein ganzes, kurzes Menschenleben hindurch.

Die Wirkungsrichtung des Andorra-Modells ist eindeutig: Es denunziert von Menschen geschaffene Verhältnisse, die Angst erzeugen.

Einem einzigen Menschen im Stück ist Andri wirklich zugetan, seiner vermeintlichen Stief- und tatsächlichen Halbschwester Barblin. Aber gerade von ihr muss er die herbste Enttäuschung seines jungen Lebens erfahren durch die sexuelle Verbindung mit Peider.

So vollzieht sich in quasi ironischer Umkehr noch einmal, was Andris leibliche Eltern schon aneinander erfahren mussten: enttäuscht zu werden von demjenigen, dem man vertraut hat. Die Senora, eine Schwarze, vertraut ihr Kind dem Andorraner Can an, der seine Leibesfrucht verrät. Andri, der Sohn einer Schwarzen, vertraut sich der Andorranerin Barblin an, die seine Liebe verrät.

Wenn Enzensberger mit Blick auf Andri zum Andorra-Stück festgestellt hat, nicht einmal der Jude sei ein Jude, bleibt dem hinzuzufügen, dass auch der Andorraner Andri ja eigentlich eher einer von den Schwarzen ist: nach der Abstammung mütterlicherseits und dem geographischen Ort seiner Geburt jedenfalls.

Andri, einst in seinem Halbvaterland Andorra mit Sympathie aufgenommen, verfällt im Verlaufe seiner zwei Jahrzehnte währenden Existenz mehr und mehr der Ausgrenzung. Ausführliches findet sich dazu in den Szenen-Kommentaren. Er selbst trägt nicht entscheidend dazu bei. Wir haben ihn speziell in den ersten sechs Bildern – als tüchtig, kooperativ und um Einordnung bemüht kennen gelernt. Auch dramatische Veränderungen politischer Natur werden nicht berichtet für jene Zeit in Andorra.

Woher resultiert also die Frontstellung der Andorraner gegenüber dem vermeintlichen Juden Andri? Wie erklärt sich das spurlose Verschwinden der einstigen öffentlichen Gewogenheit für das Judenkind?

Eine gültige Antwort auf die erste Frage finden wir in der Meinung der Senora, mit der sie Cans Kindesverleugnung deutet: „Vielleicht wolltest du zeigen, daß ihr so ganz anders seid als wir ... Aber sie sind hier nicht anders, du siehst, nicht viel."[42]

Andris Ausgrenzung wird erkennbar als die Folge eines latenten Antisemitismus, der auch vor Andorras Grenzen keineswegs Halt gemacht hat, ein Realitätsbezug, der der europäischen Wirklichkeit vor dem Hitlerreich entspricht und in mancher Hinsicht – man denke an die osteuropäischen Auswanderer nach Israel – auch heute seine Gültigkeit keineswegs verloren hat.

Zugang zur Beantwortung der zweiten Frage bietet eine Metapher im zwölften Bild: „Das mit dem Finger ging zu weit..."[43] Der Tischler spricht hier die allgemeine Ansicht aus, als man sich nach glücklich absolvierter Judenschau zu einem Erleichterungsschnaps in die Pinte zurückzieht.

Ebenso ist in den Tagen „des großen Mordens" (Senora) das Treiben der Schwarzen „wie beim Kindermord zu Bethlehem" (Pater) zu weit gegangen. Und so fiel die vorgebliche Errettung des „Judenkindes" Andri zusammen mit einer Zeitstimmung in Andorra, die sich gegen gewisse A u s w ü c h s e des Antisemitismus richtete. Nicht aber gegen den Antisemitismus selber. So schert man sich folgerichtig keinen Deut um das, was mit Andri weiter geschieht. Es stört ja nicht das eigene Wohlbefinden. Ohrenzeuge beim Fingerhacken sein zu müssen, ist da schon eine völlig andere Sache.

Andris Wandlungen führen vom Versuch der Anpassung (erstes bis fünftes Bild) über Hass und Enttäuschung (sechstes Bild), den Zusammenbruch (siebentes Bild), Aufbegehren (achtes Bild) zum Bekenntnis seiner neuen Identität (neuntes Bild). Der Rest der Handlung beschreibt seinen Weg nach Golgotha. Der neugewonnenen Identität treubleibend, durchmißt er Höllen der Angst – jener Angst, gegen die Max Frisch mit ‚Andorra' zu Felde zieht.

---

42 Max Frisch, Stücke. Band 2, S. 266.
43 ebenda, S. 307.

„Andris Kampf um seine Identität wirkt zugleich als dramatische Analyse einer Gesellschaft, die ihm das Vorurteil eines endgültig gefaßten Menschenbildes entgegenhält."[44]

3.5.2 Die Nicht-Zeugen (Barblin, der Lehrer, die Senora, die Mutter)

B a r b l i n gehören das erste und das letzte Wort im Stück. Beide sind gebunden an die symbolisch zu deutende Tätigkeit des Weißelns. „Hinter ihrer naiven Freude am großen Hausputz zum Sanktgeorgstag entdeckt der Zuschauer unschwer die alte, magisch-kultische Vorstellung, daß eine äußerlich vorgenommene Veränderung auch eine innere Wandlung zur Folge habe. Ein Ort des Verbrechens (ein Platz, ein Haus) kann demzufolge durch rituelle Waschung...ebenso entsühnt werden wie ein schuldiger Mensch..."[45] merkt Rolf Eckart an.

Die Aktionen der Barblin sind von Gewicht in den ersten beiden Szenen des Stückes und in den beiden letzten. Das Grundverhältnis innerhalb eines Szenenpaares ist dabei jeweils gleich. Es artikulieren sich konkrete Ängste, die in der Folgeszene überwunden sind und in Aktionen umschlagen.

So kennt Barblin die Bedrohung Andorras durch die Schwarzen. Und sie hat gehört, was einer Judenbraut geschieht, so man ihrer habhaft wird: man schert sie wie einen räudigen Hund (Erstes Bild). Dann aber lässt sie es darauf angelegt sein, Andris Geliebte – eine Judenbraut – zu werden (Zweites Bild).

Im elften, dem vorletzten Bild, beutelt sie schreckliche Angst um den Bruder, die immer schlimmer wird, je näher seine Verfolger kommen. Im letzten Bild der Judenschau wirft sie dann aber das Hülltuch ab und gibt todesmutig ihr „Zeichen".

---

44 Manfred Jurgensen, Max Frisch. Die Dramen, S. 89.
45 Rolf Eckart, Max Frisch. Andorra, S. 43.

„In der Ophelia-Szene am Schluß des Stückes weißelt die nun wahnsinnige Barblin abermals, nun aber das Pflaster. Die Symbolik der Entsühnung wird durch ihre Worte verdeutlicht: ‚Blut, Blut, Blut überall.' und ‚ich weißle, ich weißle, auf daß wir ein weißes Andorra haben, ihr Mörder, ein schneeweißes Andorra, ich weißle euch alle – alle.' Anfang und Ende schließen sich zum Kreis; der wesentliche Unterschied ist dialektisch hervorgehoben: Die ehemals gesunde Barblin weißelt ohne Einsicht in den tieferen Sinn ihres Tuns, die nun kranke Barblin ist wissend: ‚Wenn ihr nicht seht, was ich sehe, dann seht ihr: Ich weißle.' Die anderen mögen nur das Weißeln sehen, sie selbst sieht ihr Weißeln als symbolisches Tun, als einen Versuch, den Mord zu sühnen, den die andern nicht sehen wollen. Die Dialektik des umnachteten Wahrsagers oder des blinden Sehers (Teiresias!) ist uraltes literarisches Erbe."[46]

Barblin teilt mit Andri, der Senora und dem Lehrer eine Gemeinsamkeit: Der Dramaturgie des Stückes dienend, erfährt auch ihr Charakterbild einen Bruch. Die Rede ist von ihrer Hingabe an den Soldaten Peider, wozu auch der Handlungskommentar des sechsten Bildes sich äußert. Wenngleich es im Stück nicht zu einer handfesten Liebesszene zwischen Barblin und Andri kommt, hat Max Frisch die Neunzehnjährige doch mit den Attributen begehrenswerter Weiblichkeit ausgestattet. So weiß sie, dass es sich lohnt, ihr „in die Bluse zu schielen" (zu Peider), und sie ist bereit, ihre weiblichen Waffen auch einzusetzen: gelöstes Haar, blusenlose Körperlichkeit, Küsse und Berührungen. Dennoch ist da nichts vamphaft Unangemessenes. Mit winzigen charakterisierenden Farbtupfern siedelt der Dichter seine Figur unverkennbar im Grenzbereich der Kindfrau an. So hat sie sorgfältig Peiders Begehrlichkeit registriert, wie sich zeigt, als Andri am Ende des zweiten Bildes davon spricht. Aber als das Heiratsbegehren Andris von ihrem Vater abgeschlagen wird, reagiert sie ganz als Kind: sie schluchzt, droht mit Selbstmord, will zu den Soldaten gehen und hadert mit Gott in einer Art infantilem Trotzgebaren, ehe sie unter Tränen aus dem Zimmer stürzt.

---

46 ebenda, S. 44

Wenn Barblin sich bei der Judenschau zum Versuch aktiven Widerstands aufschwingt, scheint ein Weniges von jenem Geiste lebendig zu werden, den man ihrem Vater für seine jüngeren Jahre nachsagt. Aber auch diese Aktion ist geprägt vom Grundmuster des Versagens, des Zerbrechens an den Verhältnissen, das alle ihre Aktivitäten beherrscht. Sei es die Liebe zu Andri, das Heiratsbegehren, die Abwehr Peiders, die Rettung des Bruders und eben ihr ohnmächtiges Aufbegehren. Es vergegenständlicht sich schließlich in der Realität geistiger Umnachtung.

Im ‚Tagebuch 1946-1949' definiert Max Frisch: „Das Einmaleins des Clowns: daß er im Augenblick, wo er sich heldisch und würdig vorkommt, über die eigenen Füße stolpert – Zum Wesen der Komik, habe ich einmal gelesen, gehöre das Unverhältnismäßige, das Unstimmige, das Unvereinbare."[47]

Im Lichte dieser Notiz treten komische Züge hervor, die dem *Lehrer Can* eigen sind. Freilich handelt es sich um eine Komik, die frieren macht, die in den tragischen Untergang leitet.

Angekündigt wird ein zum Toben neigender Alkoholiker durch den Mund des Paters, vor dessen Ausbrüchen auch Hochwürden sich bewahren möchte. Als dann wenig später wirklich ein Anlass gegeben scheint, sich zu erregen, angesichts der wucherischen Lehrgeldforderung des Tischlermeisters, lässt es der Lehrer bei lahmem Protest bewenden und bei Phrasen: „Sie werden sich wundern, wenn ich die Wahrheit sage. Ich werde dieses Volk vor seinen Spiegel zwingen, sein Lachen wird ihm gefrieren."[48] Gerade in der majestätischen Überhöhung der Sprache entlarvt sich hier Hohlheit.

Can, der die Andorraner so sehr verachtet, reagiert gegenüber dem wohlhabenden Tischler und potentiellen Lehrherrn Andris gefügig – das heißt: ganz als Andorraner.

---

47 Max Frisch, Tagebuch 1946-1949, S. 262.
48 Max Frisch, Stücke. Band 2, S. 208.

„Der Lehrer erkennt die Ungerechtigkeit der Andorraner als Ungerechtigkeit." erklärt Rolf Eckart. „Da er aber zu feig ist, die Wahrheit zu sagen, verachtet er sich selbst. Seine Schwäche zwingt ihn, die Ungerechtigkeit tatenlos zu dulden; das schlechte Gewissen macht ihn äußerst reizbar. Seine Reizbarkeit und sein ohnmächtiger Zorn kommen vor allem immer dann zum Ausdruck, wenn Jemand das Thema ‚Jud' anrührt."[49]

Der exzessive Höhepunkt solchen Wütens findet sich am Ende des vierten Bildes, wenn eine fast besinnungslos hervorgesprudelte Wortkaskade den „Jud" immer wieder variiert. Es wird deutlich: Hier wütet einer gegen sich selber an, der nicht fertig wird mit seiner Lebenslüge, seiner Feigheit, seiner Würdelosigkeit.

Die Frustration des Versagens schlägt um in Selbsthass, dessen Berechtigung die betrunkene Heimkehr im sechsten Bild vor Augen führt. Der wankende Trunkenbold, um das Verständnis des von ihm verratenen Sohnes flehend, wirkt als eine Zerrprojektion einstiger Hoffnungen. „Eber" nannten sie ihn vor zwanzig Jahren. Er war einer, der aufmuckte, Schulbücher zerriss, sich mit den Oberen anlegte und seinen Schülern kritisches Denken einübte. Ein Wirrkopf – „Niemand wußte, was er eigentlich wollte" –[50] der bei den Damen gern gesehen war. Nicht von ungefähr zeigt sich Andris Mutter, die Senora, noch heute, noch nach zwanzig Jahren als äußerst attraktive Person.

Der Bruch im Charakterbild ist offenkundig. Wie ein Bankrotteur vergangenen besseren Tagen nachgreint, klammert sich der Ausgehöhlte angesichts der offenen Verachtung, die ihm Andri entgegenschlagen lässt, an frühe Erinnerungen: „...ich habe ihnen die Schulbücher zerrissen..."[51]

Mit der Lüge vom geretteten Judenkind war Unstimmiges, Unangemessenes in sein Leben getreten. Sie wurde gleichsam zum Hindernis für ein erfülltes Leben, über das er stolperte, wie der Clown über die

---

49 Rolf Eckart, Max Frisch. Andorra, S. 32
50 Max Frisch, Stücke. Band 2, S. 230.
51 ebenda, S. 244.

eigenen Füße. So entbehrt schließlich sein Bekenntnis der Wahrheit nicht des Beigeschmacks grausamer Komik, weil niemand mehr an dieser zu späten Wahrheit Interesse zeigt, nicht einmal der, dem sie helfen soll. Und auch der beiläufig berichtete Tod im Schulzimmer wird umgeben von grotesker Vergeblichkeit.

„Can steht am Ende vor den Trümmern seiner Existenz. Insofern ist er trotz aller Schuld der Bedauernswertere: während Andri mit dem ganzen Stolz und Trotz seiner Selbsterkenntnis und dem Wert seines Leidens in den Tod geht, den ihm die anderen bereiten, versagt dem Vater, der seinen Sohn der Feigheit geopfert hat, der weitere Lebenswille..."[52] heißt es bei Sybille Heidenreich.

Man könnte auch ganz einfach vom schlechten Gewissen reden, welches im Zusammenhang mit der Gestalt von Andris leiblicher Mutter, der S e n o r a, in unserem Blickfeld bleibt.

Eine gestandene Frau lernen wir in ihr kennen: resolut, hilfsbereit, gut aussehend, mitfühlend. Ohne weinerliches Zurückschrecken leistet sie erste Hilfe, als der ihr fremde Andri zu Boden geschlagen wird.

Den Lehrer stellt sie in überlegener Manier zur Rede, die von Untertönen der Verachtung nicht frei bleibt. Im Gespräch mit Andri offenbart sich wahres Gefühl ohne falsche Sentimentalität, Lebensklugheit, Überzeugungskraft. Kurzum, Max Frisch zeichnet in Andris Mutter ein rundum sympathisches Wesen, eine Senora, eine Dame. Diese Gestalt könnte vorbehaltloser Zustimmung sicher sein, wenn da nicht jener dramaturgisch motivierte Bruch existierte: Sie kommt aus dem Land der Schwarzen, die Juden am Pfahl vernichten. Sie muss – kraft wacher Intelligenz – ganz einfach Kenntnis haben von den aggressiven Drohungen gegen Andorra. Seit langem weiß sie, dass ihr leiblicher Sohn vermutlich als Jude in Andorra lebt; denn ‚eines Tages' hat sie diese Geschichte von einem herumziehenden Händler gehört – nicht etwa vor soundsoviel Monaten oder Wochen. Und alles, wozu sich diese warmherzige, mitfühlende, entschlossene Person aufrafft, sind drei unbeantwortet bleibende Briefe, bis nun die Besetzung Andorras eine Frage von Tagen geworden ist, was die Reise erzwingt.

---

52 Sybille Heidenreich, Frisch. Andorra..., S. 40 f.

Hier zeigt sich ein – um es mit Manfred Durzak zu sagen – „dramaturgischer Notbehelf, der an Deus-ex-machina-Technik denkenläßt".[53] Eine so geprägte Leihmutter-Mentalität, so wenig schlechtes Gewissen in zwanzig Jahren kann man dieser gewinnenden Frauengestalt einfach nicht glauben.

Die imposantere Frau an Andris Lebensweg ist zweifellos die Senora. Imponierender jedoch wirkt bei näherem Hinsehen die

M u t t e r, die Frau des Lehrers Can. Wenngleich nicht im biologischen, so stimmt diese Verwandtschaftsbezeichnung im faktischen Sinne ohne Vorbehalte, ist sie es doch, die Andri umsorgt und umhegt, für ihn eintritt, seine Interessen im Auge behält.

Sie versucht in Andris Interesse den Lehrer daran zu hindern, dass er sich mit aller Welt anlegt. Sie stellt sich auf die Seite der Kinder, als diese ihre Liebe zueinander bekennen.

In schlichter Selbstverständlichkeit wächst die Mutter über sich hinaus, als ihr der doppelte Verrat des Lehrers an ihr und an Andri mit der Wahrheit einsichtig wird. Sie hält zu ihrer Familie, trotz allem – und widersteht der Versuchung, die eigene Enttäuschung vor der Fürsorge für Andri rangieren zu lassen, denn wie weiß: „Du hast uns alle verraten, aber den Andri vor allem. Fluch nicht auf die Andorraner, du selbst bist einer."[54]

Sie bleibt sich selber treu, wenn sie mit ruhiger Entschiedenheit während der Judenschau für Andri eintritt, den Namen Gottes auf den Lippen. Innere Kraft scheint ihr zuzuwachsen aus einer gefestigten Religiosität. Der Mutter wird als einziger Gestalt aus Andris persönlichem Umfeld eine bruchlose Charakterabbildung vom Dichter gegönnt. Sie teilt aber mit ihnen die formale Gemeinsamkeit, dass sie wie die anderen nicht im Zeugenstand erscheint.

---

53 Manfred Durzak, Dürrenmatt. Frisch. Weiss...., S. 228.
54 Max Frisch, Stücke. Band 2, S. 269.

3.5.3 Die Zeugen (Pater, Soldat, Wirt, Tischler, Doktor, Geselle, Jemand)

Im Zeugenstand erscheinen Schuldige, nicht aber Beschuldigte. Sie sind schuldig geworden an Andri. Der Wirt hat Andri für seine Mordtat zum Sündenbock gemacht, der Tischler ihm den Berufsweg versperrt, der Geselle seine Freundschaft verraten, der Soldat ihn den Schwarzen ausgeliefert. Die Schuld des Paters, gewissermaßen im Zeugenstand göttlichen Rechts vorgebracht, betend, auf den Knien, wird als einzige eingeständen: auch er hat dem Vorurteil gehuldigt. Der Doktor verkörpert Schuldhaftigkeit durch nationale Phraseologie, der Jemand durch Passivität.

In den Probennotizen betont Frisch die verfremdende Absicht der Zeugenauftritte: „Das Buch verlangt, daß jeder Andorraner einmal aus der Handlung heraustritt, um sich von heute aus zu rechtfertigen – oder formal gesprochen: um die Handlung, die eben auf der Bühne vor sich geht, in die Ferne zu rücken und dem Zuschauer zu helfen, daß er sie von ihrem Ende her, also als Ganzes beurteilen kann..."[55]

Heidenreich: „Sie sind – fast möchte man sagen typische – Vertreter ihres Volkes. Aber schon dieses Adjektiv zu gebrauchen hieße vermeintlich an Frisch vorbeizuinterpretieren. Diesen ‚typischen' Vertreter gibt es eben nicht für ihn, weil dies wieder ein Bildnis bedeuten würde. Entsprechend farbig und individuell hat er sie auch gestaltet, jedem nach seiner Bildung und Geisteshaltung eine andere Sprache und Gebärde gegeben."[56]

Neben ihrer antisemitischen Grundhaltung findet sich als tragende Gemeinsamkeit der Zeugengestalten, dass jede von ihnen den Juden zum Vorurteil angelastete Charakterzüge ihr Eigen nennt.

---

55 ebenda, S. 356.
56 Sybille Heidenreich, Frisch. Andorra..., S. 45.

Figur	antisemitistischer Vorwurf	Verhalten der Zeugengestalt
Pater	Überempfindlichkeit (251)	reagiert gereizt auf Andris Vorbehalte (271)
Soldat	Feigheit (214)	entwaffnet seine Landsleute (282)
Wirt	Wucher (208)	handelt dem Lehrer das Land weit unter Wert ab (210)
Tischler	Geldgier (226 f.)	wucherische Lehrgeldforderung (207) kürzt Andris Provision (226)
Doktor	Ehrgeiz (232)	hat es im Ausland nicht zu Titeln und Würden gebracht (235)
Geselle	Ungeselligkeit (228)	tritt Andri mit Füßen bei der Prügelei mit Peider (262)
Jemand	erhebt keinen rassistischen Vorwurf, aber Andris Orchestrionsgeklimper hat ihn gestört (240)	erinnert sich an Andris Geklimper, tritt für Vergessenen ein (276)

Diese vereinfachende Übersicht erfasst lediglich die antisemitischen Kernvorwürfe, zu denen in der Handlung noch andere treten. Individuelle Züge der einzelnen Zeugengestalten vermag sie nicht zu verdeutlichen. So zeichnet Frisch mit dem Pater eine Priestergestalt, deren Befangensein in der Routine ihres Amtes letztlich das Versagen gegenüber dem Ausnahmephänomen Andri bedingt, da auch er – wie die übrigen Andorraner – von Vorurteilen her handelt. Er nähert sich den Problemen des Jungen mit den Mitteln pädagogisch-priesterlichen Wirkens: Amtsautorität, zur Schau getragene Güte, Lobsprüche mit Wirkungsabsicht, sakrale Belehrungen. Das Gespräch im siebenten Bild sieht am Ende einen erfolgssicheren amtschristlichen Missionar, der soeben – welch ironisches Paradoxon – einen Wunschchristen zum Judsein bekehrt hat. Freilich erweist sich diese Bekehrung als so vollkommen, dass sie den Missionar, als er für seine ureigene Lehre ficht, hilflos resignieren lässt am Ende des neunten Bildes. Wie es Andri vorhergesagt hat, bleibt der Pater in der Stunde der Not fern. Er betet. Und Barblin wird ihn fragen: „Wo, Pater Benedikt, bist du gewesen, als sie unsern Bruder geholt haben..."[57]

Peider verkörpert jene Wesenszüge militanter Minderwertigkeit der unteren Chargen, die in der Verbindung mit Macht so oft zu tödlicher Bedrohung geraten. Schriftsteller haben sich der Darstellung dieser Spezies immer wieder liebevoll angenommen, und einige davon sind populär geworden, wie Remarques Korporal Himmelstoß aus ‚Im Westen nichts Neues' oder Kirsts Schleifer Platzek in „08/15" – saufende Wortkrieger des Vorernstfalles allesamt und unentwegte Funktionsträger des Nachernstfalles. So erleben wir in Peider einen phrasendreschenden, alkoholgeneigten Weiberhelden und Grobian, der in Friedenzeiten Todesbereitschaft vor sich her trägt und nach dem Sieg der Schwarzen deren willfähriger Sachwalter wird.

Der Wirt, Geschäftsmann und Totschläger, professionell freundlich und von Charakter gewalttätig, bedient sich des Andorranertums, seinen Umsatz zu heben. So wenn er dem Doktor bei dessen nationalen

---

57 Max Frisch. Stücke. Band 2, S. 309.

Ekstasen zu Munde redet. So wenn er der Senora ein Zimmer widmet, unter Berufung auf altes, heiliges Gastrecht. Dass er die Senora mit einem Steinwurf getötet habe, bleibt freilich Schlussfolgerung aus einer vom Dichter gelieferten Indizienkette, die anhebt mit der Beschuldigung Andris und gipfelt im merkwürdigen Betragen des Wirtes bei der Judenschau. Im Stück selbst wird sie nur ausgesprochen durch den Lehrer, woraufhin der Wirt sich dann unter die Vermummten schart.

Als der ausgeprägteste Rassist unter den Andorranern erscheint der Tischler. Für seine Überzeugung könnte der Rosenberg-Satz geschrieben sein: „An dem Tag, da das nordische Blut restlos versiegen sollte, würde Deutschland zerfallen, in einem charakterlosen Chaos untergehen."[58] Andris Nichteignung für das Handwerk wird ebenso wie seine vermutete besondere Eignung für den Handel aus mystifizierten Blutvoraussetzungen hergeleitet.

Der Doktor trägt Weltläufigkeit zur Schau, „um sich damit vor den Augen der provinziellen Andorraner einen weltmännischen Anstrich zu geben. Das Wort ‚Welt' übt fast eine magische Anziehungskraft auf ihn aus. Genauso oft führt er das Wort ‚Andorra' und hohle, aufdringlich patriotische Phrasen im Munde, um seine Rückkehr nach zwanzig Jahren zu motivieren und seinen Landsleuten zu schmeicheln...In Wirklichkeit ist sein vaterländisches Pathos Lüge. Er ist nur zurückgekehrt, weil er draußen versagt hatte. Sündenbock für seine Erfolglosigkeit ist der...Jud."[59] Diese Figur steht insofern im Einklang mit der historischen Wahrheit, als Erfolglose aller Schattierungen nach dem Ersten Weltkrieg ihr Heil im Sammelbecken ‚nationaler Erneuerung' gesucht haben. Dr. Goebbels, Jahrgang 1897, der spätere Reichspropagandaminister Hitlers, kam aus dem gleichen Reservoir, als er 1924 siebenundzwanzigjährig in die Partei eintrat.

---

58 Alfred Rosenberg, Der Mythus des 20. Jahrhunderts, S. 544.
59 Rolf Eckart, Max Frisch. Andorra, S. 28 f.

Der Geselle liefert die zivile Entsprechung zu des Soldaten Peider militanter Minderwertigkeit. Freundschaft bleibt ihm billige Münze. Eine geschnorrte Zigarette, ein kleines Geschäftchen mit alten Fußballschuhen, die angeberische Behauptung, der Chef kusche vor ihm, die Kapitänswürde in der Fußballmannschaft – das sind die Freuden seines Alltags. Ansonsten rät ihm die Überlebenskunst der sozial Unterprivilegierten, sich flink zu verziehen, wenn der Chef naht, den Kumpel zu verraten, wenn es sein Vorteil ist und immer bei den Stärkeren zu sein, wenn es darauf ankommt. So steht er gegen Andri bei der Prügelei und gegen Barblin bei der Judenschau. Der Jemand endlich darf wohl als Symbolfigur für die schweigende Mehrheit der Andorraner gelten. Jemand liest ständig Zeitungen. Er konsumiert die veröffentlichte Meinung, bleibt untätig und toleriert durch eben diese Haltung das geschehende Unrecht. Dass man ausgerechnet ihn während der Judenschau verdächtigt, denunziert moralische Indifferenz als eine im Grundsatz Gefahr zeugende Haltung. Freilich bleibt auch die unkämpferische Umkehrbeobachtung: Jemand ist davongekommen.

4. ASPEKTE ZUR DISKUSSION

4.1 Modell und Bildnis

„Die historische Dimension, die mit dem Phänomen Antisemitismus und Judenverfolgung verbunden ist, und die individuell-künstlerische Dimension, die das Thema der Identitätssuche in Frischs Werk hat, widersprechen einander. Die historische Faktizität und die künstlerische Thematik sind inkongruent" lautet eine der Kernwertungen bei Durzak.[60] Er legt damit den Finger auf den wunden Punkt des Spiels, der in der Sekundärliteratur viel Aufmerksamkeit gefunden hat. Vereinfacht lässt sich der Grundeinwand so formulieren: Das um den Einzelfall des Juden Andri konstruierte Modell wird dem historischen Schrecknis des Mordes am jüdischen Volk durch Hitlerdeutschland keineswegs gerecht. Durzaks Meinung lautet knapp und kategorisch: „Das mit den Mitteln traditioneller Dramaturgie entwickelte Modell bleibt weit hinter der Wirklichkeit zurück."[61]

Andere geben ihm recht: „Ich bezweifle die fundamentale dramatische Analogie" (Demetz)[62]; „...unheilvollen Zwiespalt zwischen dichterischem Modell und realer Aktualität..." (Stäuble)[63]. Wieder andere widersprechen: „Das Stück ist ein Modell: will sagen, nicht die Darstellung dessen, was war, sondern dessen, was jederzeit und überall möglich ist. Heut oder morgen kann der ‚Jud' Kommunist heißen oder Kapitalist, oder Gelber, Weißer, Schwarzer, je nachdem. Gemeint ist nicht die Gegend, nicht dem seinerzeit und anderswo wird der Prozeß gemacht, sondern der je eigenen; der am meisten, die sich am schuldlosesten vorkommt, aufs Weltgewissen beruft und in die Brust wirft, in der Meinung, bei uns könne dergleichen nie und nimmer passieren."[64] Und im ‚Spektakulum V'

---

60 Manfred Durzak, Dürrenmatt. Frisch. Weiss..., S. 225.
61 ebenda, S. 229.
62 ebenda, S. 225.
63 Eduard Stäuble, Max Frisch, S. 214.
64 ebenda, S. 213.

schreibt Krapp: „In Wahrheit beruht jedoch die scheinbare Nähe zur empirischen Wirklichkeit, die alle Werke Frischs kennzeichnet, auf einem genau berechneten Abstand von ihr. Zwischen beiden herrscht ein Verhältnis nicht der Ähnlichkeit, sondern des Vergleichs. Das ist einer der Gründe, weshalb die Handlungen zumal seiner Stücke so mühelos übers Stoffliche hinauskommen und sich zum Gleichnis, zur Parabel oder – wie in ‚Andorra', weil auf ein soziales Gebilde bezogen – zum ‚Modell' verdichten."[65]

Als besonders neuralgischer Handlungsabschnitt hat sich im Zusammenhang mit dieser Auseinandersetzung die Judenschau erwiesen. Es sei hier an den entsprechenden Szenenkommentar zum Bild 12 erinnert. Max Frisch betont den Modellcharakter des Spiels mit Nachdruck: Das Andorra dieses Stückes hat nichts zu tun mit dem wirklichen Kleinstaat dieses Namens, gemeint ist auch nicht ein andrer wirklicher Kleinstaat; Andorra ist der Name für ein Modell. M. F."[66]

So steht es einschließlich der Initialen des Dichters auf dem inneren Vorsatzblatt zu lesen.

Dazu fügt sich die an anderer Stelle bereits zitierte Forderung, bei den Uniformen der Schwarzen jeden Anklang an die Uniformen der Vergangenheit zu vermeiden, was sich nach Lage der Dinge nur auf die Totenkopf-SS Himmlers beziehen kann. Und es wird für den Platz in Andorra ausdrücklich eine südliche Szenerie gefordert.[67]

Eine dem Original nahe kommende Abbildung von spezifisch Deutschen war also nachweislich vom Dichter nicht beabsichtigt. So erkannte man Züge der Schweiz, „die unverkennbar in Einzelheiten hinter dem Modell Andorra erscheint und deren selbstgefällige politisch-moralische Überlegenheit, während der dreißiger Jahre nicht dem Faschismus verfallen zu sein, Frisch nur darauf zurückführt, daß die akute Versuchung für die Schweiz gefehlt habe. Die Prädisposition sieht er auch hier gegeben."[68]

---

65 nach Heidenreich, a. a. O., S. 52.
66 Max Frisch, Stücke. Band 2, S. 200.
67 vgl. ebenda, S. 346 f.
68 Manfred Durzak, Dürrenmatt. Frisch. Weiss..., S. 221.

Unverkennbar steht das Andorra-Modell in der Nachfolgeschaft zu ‚Biedermann und die Brandstifter', jenem Stück, das Frisch einmal als Fingerübung für ‚Andorra' bezeichnet hat.

Angesichts des drohenden Überfalls der Schwarzen wird eine Art Super-Biedermann-Situation inszeniert. Vom Pater bis zu Peider scheint jedermann, der nicht zur Lehrerfamilie gehört, bemüht, die Größe der Gefahr ganz nach Gottlieb Biedermanns Vorbild mit Phrasen der Selbstbeschwichtigung herunterzuspielen. Als besonders eifriger Nachfahre des Haarwasserfabrikanten erweist sich der Doktor, wenn er die Andorraner als „ein Volk ohne Schuld" apostrophiert, das gar nicht überfallen werden könnte.[69]

Selbst an einer metaphysischen Instanz fehlt es nicht. Wenn der Ringer Schmitz im ‚Biedermann' doppeldeutig von einem „Gottesgericht" spricht, tut es der Doktor nicht unter dem „Weltgewissen", das angeblich auf Andorras Seite steht.

Im ‚Biedermann' berichtet der ehemalige Kellner Eisenring, man hätte ihn fälschlicherweise als Brandstifter identifiziert, und er sei so erstaunt gewesen, daß er „drauf einging".[70]

Er hat – gleich Andri – die ihm von außen aufgezwungene Rolle akzeptiert. Die Parallele zu ‚Andorra' ist eindeutig.

Gelegentlich hat man dem Modell Max Frischs Alternativlosigkeit vorgehalten. In der Tat gibt es im Stück keinen positiven Helden, wie bei Brecht im ‚Kaukasischen Kreidekreis' den Dorfrichter Azdak etwa oder die Shen Te im ‚Guten Menschen von Sezuan'.

Dennoch wird man der Wertung Wolfgang Hegeles zustimmen müssen, zumal sie Max Frischs Frontstellung gegen das Vorurteil, das ‚Bildnis', in die Betrachtung einbezieht: „Am Modell von Frischs Andorra kann man in der Tat lernen, was Menschen von durchschnittlichem Charakter unter den gegebenen Umständen eines Massenwahns zu tun pflegen. Dass diese Lektion beim Publikum,...erzieherische Nachwir-

---

69 Stücke, S. 258.
70 ebenda, S. 144.

kungen haben kann, dass dieses Stück also – sagen wir es ruhig – politische ‚Lebenshilfe' bietet, mindert seinen künstlerischen Rang keineswegs. Wer von ‚Andorra' ergriffen wird, mag erkennen, dass er es buchstäblich der Mühe (wert) finden sollte, seine Freiheit gegenüber jeder emotionalen Versuchung zum kollektiven Vorurteil zu bewahren."[71]

Das ‚Bildnis' ist ein Frisch-Gegenstand von grundsätzlicher Bedeutung, eng verknüpft mit der Suche nach der Identität des Einzelmenschen. Schon frühe Arbeiten stehen im Zeichen des Bildnis-Themas: ‚Jürg Reinhart', ‚Die Schwierigen oder J'adore ce qui me brûle'.

Später dann die Romane ‚Stiller', ‚Gantenbein' und andere Werke mehr. In diesen Zusammenhang gehört der Tagebuchauszug aus unserem Kapitel mit ‚Schlüsseltexten'.

Der Beziehung zwischen Bildnis-Thema und Andorra-Modell widmet Rolf Eckart einen wichtigen Abschnitt seiner Interpretation, der hier abgerundet zitiert sei: „Solche Klischees, von Max Frisch ‚Bildnisse', vom Soziologen Stereotype genannt, sind überall zu finden, wo sich Menschen zu Gruppen zusammengeschlossen haben, da sich jede Gruppe erst konstituiert, indem sie Gruppenmerkmale setzt, durch die sie sich von einer Gegengruppe unterscheidet. Die Nation ist eine solche Gruppe. Aber auch innerhalb der Nation und über die Nationen hinweg existieren Gruppen, beispielsweise ständische, religiöse oder rassische.

Max Frisch nun sieht die Gefahr jeglichen Gruppendenkens vor allem unter einem pazifischen und unter einem humanistischen Aspekt. Eine Gruppe mag noch so harmlos erscheinen, ihre nach außen gerichtete Aggressivität ist mindestens latent immer vorhanden und kann plötzlich zum offenen Angriff auf die Gegengruppe und zu deren Unterwerfung oder Vernichtung führen.

---

71 zitiert nach Thomas Beckermann (Hg.), Über Max Frisch, S. 191.

Als humanistischer Aspekt ist der Blick auf den Einzelmenschen verstanden. Da der einzelne als Angehöriger einer Gruppe dem stereotypen Urteil über diese Gruppe unterworfen ist, kann er sich nicht als Persönlichkeit verwirklichen, nicht wahrhaft Mensch werden. Die Gestalt, an der Max Frisch das zeigt, ist Andri."[72]

Wie man seit Tschernobyl und seinen Folgeängsten den ‚Biedermann' anders liest und sieht, bekommt auch ‚Andorra' vor dem Hintergrund zeitgeschichtlicher Phänomene wie Kambodschas blutigem Pol-Pot-Regime, den vietnamesischen ‚boat-people' und anderen aktuellen Erscheinungen eine antizipatorische Dimension. Die von Stäuble geäußerte Vermutung scheint sich zu erfüllen: „Man kann nur die tröstliche Hoffnung hegen, ‚Andorra' werde vielleicht in späteren Jahrzehnten einmal, losgelöst von der heißen und bedrängenden Tagesaktualität, zu reinerer Wirkung gelangen."[73]

Freilich bleibt's ein schwacher Trost, angesichts der Realitäten unserer Tage.

---

72 Rolf Eckart, Max Frisch. Andorra, S. 10.
73 Eduard Stäuble, Max Frisch, S. 214.

4.2 Stückplan und Symbole

Am Bauplan des Spiels fällt zunächst auf, dass der Umfang der einzelnen Bilder sehr unterschiedlich ist. So ergeben sich im zitierten Band die nachstehenden Seitenzahlen für Handlung und Zeugenaussagen bzw. szenische Besonderheiten in den Bildern VIII und X:

I	II	III	IV	V	VI
14+1	4+1	6+1	10	2	6+1
Wirt	Tischler	Geselle			Soldat

VII	VIII	IX	X	XI	XII
6+1	10+2	9+1	6+1	5+2	19
Pater		Jemand		Doktor	

nach Bild VIII: Gespräch Senora-Lehrer

nach Bild X: stummes Patrouillieren zweier Soldaten der Schwarzen

Lediglich in zwei Bildern tritt Andri nicht oder nicht als dialogbeteiligt in Erscheinung. Es handelt sich um das fünfte Bild mit der Konfrontation Lehrer-Jemand und um die Judenschau, in welcher Andri nunmehr Objekt ist.

Im Verlauf der ersten sechs Bilder wird Andris Versuch, Andorraner unter Andorranern zu sein, ad absurdum geführt. Dies geschieht durch eine Reihe von Konfrontationen:

    I

Andri – Soldat   II

                  Andri – Barblin   III

                                      Andri – Geselle/Tischler

```
IV
Andri – Doktor              V
                       Lehrer – Jemand
                       (Andri tritt nicht auf)        VI
                                              Andri – (Enttäuschung
                                                      durch Barblin)
```

Das fünfte Bild ohne Andris Erscheinen korrespondiert mit der Tatsache, dass Jemand keinen konkreten antisemitischen Vorwurf gegen ihn erhebt. Sieht man in Jemand eine Stellvertretergestalt für die schweigende Mehrheit, so wird das Ausbleiben einer Bühnenkonfrontation Jemand-Andri einsichtig. Diese These wird vom Dialogtext gestützt, wenn der Lehrer vor Jemands Auftritt über die Andorraner nachdenkt: „Ich sehe euer Grinsen schon" und den Gekommenen dann fragt: „Warum grinsen Sie?". (239)

Das sechste Bild mit der Zertrümmerung aller Zukunftshoffnungen Andris durch Barblins geschlechtliche Hingabe an Peider wird als Kulminationspunkt des Identitätsverlustes erkannt. Von da an beginnt Andris Annahme des Judseins, eingeleitet durch das erste Gespräch mit dem Pater:

```
VII
Gespräch mit
dem Pater            VIII
               Andri provoziert Peider          IX
                                         Andri – Senora, zweites
                                         Gespräch mit dem Pater

X
Andri – Lehrer         XI
                  Andri – Barblin              XII
                                            Judenschau
```

Die Verfestigung der neuen Identität geht einher mit einander folgenden Leidenssituationen:
- die körperlichen Leiden im achten Bild
- die Mordanschuldigung im neunten Bild
- die Todesdrohung der schwarzen Besatzung im zehnten Bild
- die Gefangennahme im elften Bild
- die Judenschau mit Verstümmelung und Tod

Die Judenschau gerät gleichsam in Korrespondenz zum sechsten Bild zum Kulminationspunkt des Identitätsgewinns. Der freiwillige Wahljude Andri wird von dem ausdrücklich als unfehlbar charakterisierten Judenschauer als Jude erkannt. Die höchste verfügbare Autorität bestätigt die Vollkommenheit seines Identitätswechsels.

Zum Wesen des Spiels gehört ein Geflecht vielfältiger Symbole. Man denke an Barblins Haar, Andris Händereiben, das Orchestrionsgeklimper, die Farbsymbolik weiß-schwarz, Andris Blut auf dem Pflaster des Platzes, der später von Barblin geweißelt wird, an das Handauflegen durch den Priester oder an Andris stehen bleibende Schuhe.

Auch die Zeugenschranke, zu deren Funktion sich Max Frisch umfänglich geäußert hat, ist ein solches Symbol. Nach dem Willen des Dichters soll es bewirken, die „Konfrontation des heutigen Zeugen mit dem geschichtlichen Tatort."[74]

Zwei der Symbole treten im Verlauf der Handlung prägend hervor:

Stein und Pfahl.

„...unsere Äcker sind steinig" (204) sagt der Pater im ersten Bild. Der Wirt beteuert: „Ich wäre der erste, der einen Stein wirft" (257) – auf einen möglichen Verräter nämlich. „...und herunter fällt ein Stein, der mich tötet" (274) ahnt Andri in seinem Überhöhungsmonolog. Gleich darauf bringt der Lehrer die Schreckensnachricht, die Senora sei von einem Steinwurf getötet worden, den der Wirt Andri anlastet (275). Jemand

---

74 Max Frisch, Stücke. Band 2, S. 357.

bekennt in seiner Zeugenaussage, der Steinwerfer sei nicht erwiesen (276). Andri beteuert: „Ich habe den Stein nicht geworfen" (277,278). Der Lehrer bestätigt es (281). Während der Judenschau wiederholt der Wirt mehrfach seine Beschuldigung gegen Andri (291,292,293) und hebt einen Stein auf. Als er sich voller Angst weigert, das Tuch überzustreifen, fragt ihn der Lehrer: „Du bist's, der den Stein geworfen hat?" (295). Auch als endlich Vermummter bleibt der Wirt bei seinem Schuldvorwurf (297). Der vermummte Tischler stolpert über einen Pflasterstein (300). Der vermummte Wirt hebt einen Stein auf (303). Der Soldat will den Grund dafür wissen (304). Die Mutter bezeugt öffentlich, Andri habe den Stein nicht geworfen (305). Barblin weißelt die Pflastersteine (307).

Der Stein symbolisiert Schuld und Anklage, wie es in aktueller Sinnübertragung auch im Neuen Testament geschieht. Dort (Joh. 8,7) heißt es: „Wer unter euch ohne Sünde ist, werfe den ersten Stein auf sie!" Stein ist hier freilich vollkommen konkret gemeint. Die Pharisäer haben nämlich eine Ehebrecherin vor Jesus geführt, der dieselbe mit seinem Wort vor der archaischen Strafe des Steinigens bewahren will.

Eckart merkt in diesem Zusammenhang an: „Interpretiert man daher den Stein in erster Linie als Symbol verlogener Selbstgerechtigkeit, so hat man einen wesentlichen Zugang zum Gehalt des ganzen Stückes geöffnet."[75]

Während der Stein im Spiel als konkreter Gegenstand erscheint, wird vom Pfahl lediglich gesprochen. Er bleibt ein verbales Phänomen.

Barblin weiß, die Schwarzen töten Juden am Pfahl (205). Der Lehrer sieht den Pfahl auf dem Platz (206,207,208,209). „Hab ich ihn vielleicht an den Pfahl gebracht!" (216) fragt der Wirt rhetorisch in seinem Zeugenauftritt. Der Pater bekennt: „...auch ich habe ihn an den Pfahl gebracht" (254). „...Hunderttausende sind gestorben am Pfahl" (281) interpretiert Andri die Leiden des jüdischen Volkes.

---

75 Max Frisch, Stücke. Band 2, S. 357.

Das Symbol des Pfahles gemahnt an das Kreuz von Golgatha, an dem Jesus leiden musste, und es rückt den Opfertod Andris in die nämliche Beleuchtung.

Max Frisch äußert sich in den Probennotizen ausführlich über den inszenatorischen Werdegang des ursprünglich durchaus konkret vorgesehenen Pfahles. Er gelangt zu der Folgerung: „Aber vor allem: gerade dadurch, daß wir den Pfahl nicht mehr mit Augen sehen, sondern nur noch durch die Worte des bestürzten Vaters, wird der Pfahl wieder, was er sein sollte, Symbol."[76]

Es fügt sich ein in ein Spiel, das seinerseits Symbol sein will.

---

76 Max Frisch, Stücke. Band 2, S. 353.

5. STIMMEN DER KRITIK[77]

Dieses Kapitel ist als ein kompaktes Materialkapitel zu verstehen. In den zusammengestellten Zitaten hat der Leser noch einmal Gelegenheit, die Vielzahl der zuvor angesprochenen Teilaspekte „gebündelt" nachzulesen. (Dem Unterrichtenden mögen sie als Quellenpaket dienen.) Es ist nicht Breite, eher konzentrierte Beschränkung intendiert, um nicht an der unendlichen Fülle der kritischen Literatur über Max Frisch und sein Werk zu verzweifeln. Eine solch knappe Auswahl, wie sie hier vorgenommen wurde, schließt Lückenhaftigkeit ein. Dieses muten wir dem Leser zu, weil wir zugleich annehmen, dass er aus der angegebenen Literatur weitere differenzierte Eindrücke gewinnt. Die ausgewählten Zitate beziehen sich auf den Menschen und Künstler Max Frisch, auf die Bühnenwirksamkeit des Stückes, auf die politischen Implikationen und auf den Standort Frischs im Bild der modernen Literatur. Dieser Querschnitt umfasst Aussagen von Biographen, Kritikern, Pädagogen und Literaturwissenschaftlern im engeren Sinne.

(1)...bühnenwirksames Theaterstück...[78]

Mögen die Symbole und Gebärden nun durch die Bildkraft der Sprache beschworen oder sinnlich wahrnehmbar auf die Bühne gebracht sein: ihr bruchloses Ineinander und dialektisches Gegeneinander erst lässt „Andorra" zum bühnenwirksamen Theaterstück und zum Kunstwerk werden.

Dabei wirkt die Symbolik fast nie artifiziell oder nur harmlos dekorativ, sie ist keine gefällige Beigabe, sie ist überall wie selbstverständlich da, auch und gerade in den realistischen, ja naturalistischen Szenen (der Soldat!).

***

---
77 Überschriften und Hervorhebungen nicht im Original.
78 Rolf Eckart. Max Frisch. Andorra, S. 53

(2) ...die Kraft der menschlichen Vorurteile...[79]

Erschütternder, überzeugender, zorniger und unpathetischer kann nicht Klage erhoben werden gegen eine der furchtbarsten Kräfte, mit denen die Menschheit sich selber zerstört: gegen die Kraft der menschlichen Vorurteile. (...) Als Kollektivwahn sind Vorurteile mörderisch: das „Anderssein" eines einzelnen wird den vielen unheimlich, es ist ihnen anstößig und verdächtig, sie stoßen den einzelnen ab und verachten ihn (...). Das gleiche Kollektivbewusstsein erlaubt, die Schuld beiseite zu schieben, mit Biedersinn und Vernunft die Menschlichkeit hervorzukehren, wenn das Schreckliche geschehen ist.

***

(3) ...Kreisbewegung...[80]

Das Theater ist für Frisch ein „Kunst-Raum" und hat seine Wirkungslosigkeit hinreichend bewiesen. (...) Motivation für das Theater ist vor allem die „Lust am Spiel". Weltbild und Kunsterfahrung konstituieren Frischs Form des Modells, das keine Lehre transportiert, sondern das sich in einer Art Kreisbewegung vollzieht: Am Ende des Stückes könnte die Handlung wieder von vorn beginnen.

Frisch bleibt mit seinen Werken und in seiner Theorie aber nicht im Unpolitisch-Unverbindlichen. Jede Umwandlung von Wirklichkeit in ein Kunstprodukt bedeutet für ihn eine „Veränderung".

***

(4) ...große Resonanz, doch keine Wirkung...[81]

Er ist ein Schriftsteller mit großer Resonanz geworden und hat doch keine Wirkung. Das ist seine Tragik: denn über seinen Schatten wie Heinrich Böll springt er nicht. Etwas überspitzt darzustellen, um eine Wahrheit ans Tageslicht zu zwingen, ist seine Sache nicht. Deshalb lässt sich die politische Haltung des Autors Max Frisch auch nicht so einfach abspalten von seinem Werk.

---

79 Gerd Richter in Felix Emmel. rororo Schauspielführer, S. 440
80 Hans-Peter Franke. Von 1945 bis zur Gegenwart, S. 84
81 Jürgen Serke in Volker Hage, S. 142 f.

***

(5)...<u>Zusammenstoß zwischen dem Privaten und Politischen</u>...[82]

In „Andorra" fordert die groß erfundene Parabel der Judenschau das eine Thema des Stücks: Terror, die Konfrontation mit dem anderen Thema: Vorurteil, einem psychologischen; sobald die Bezugspunkte in der historischen Wirklichkeit sich aufdrängen, wird die Anwendbarkeit entweder in der einen oder in der anderen Richtung fragwürdig; so stößt die fiktive Fabel an den Grenzen der Schlüssigkeit von Erfundenem (...) Frischs Stück behandelt den Zusammenstoß zwischen dem Privaten und dem Politischen(...)

***

(6)...<u>nur ein Modell</u>...[83]

Sieht man allerdings in „Andorra" ein Stück, das den Antisemitismus in Deutschland und als sein Ergebnis die Vernichtung von Millionen jüdischer Mitmenschen vergegenwärtigen soll, dann sind die von einem Teil der Kritik vorgebrachten scharf ablehnenden Urteile in der Tat mehr als berechtigt, hier liege ein unzulänglicher und verfehlter Versuch der Vergangenheitsbewältigung vor. Es ist jedoch die Frage, ob als selbstverständlich vorausgesetzt werden darf, dass Frisch diese Intention verfolgte, nimmt man zu der angedeuteten, das ganze schriftstellerische Werk durchziehenden Thematik der Identitätssuche den Hinweis hinzu, „Andorra" sei „der Name für ein Modell", wird diese Deutung zumindest als zu einseitig erscheinen.

---

82 Siegfried Melchinger. Politisches Theater 2, S. 222
83 Franz-Josef Payrhuber. Deutsches Gegenwartsdrame, S. 40 f.

6. LITERATUR (-AUSWAHL-)

Frisch, Max, Andorra. Stück in zwölf Bildern. Frankfurt/M. 1961
Frisch, Max, Stücke. Band 2. Frankfurt/M. 1962
Frisch, Max, Tagebuch 1946-1949. Frankfurt/M. 1950
Frisch, Max, Öffentlichkeit als Partner. Frankfurt/M. 1967

***

Bänziger, Hans, Max Frisch. Andorra. Erläuterungen und Materialien. Stuttgart 1985

Eisenbeis, Manfred, Stundenblätter. Max Frisch „Andorra". Stuttgart 1981

Eckart, Rolf, Max Frisch. Andorra. Interpretation. München 1965

Heidenreich, Sibylle, Max Frisch. Andorra – Biedermann und die Brandstifter. Hollfeld 1974/⁵1985

Knapp, Gerhard P. /Knapp, Mona, Max Frisch. „Andorra". Frankfurt/M. ²1982 (Gedanken und Grundlagen – Diesterweg)

Schmitz, Walter/Wendt, Erich (Hg.), Frischs „Andorra". Frankfurt/M. 1984 – Darin:

> **Pütz, Peter**. Max Frischs „Andorra". –
> Ein Modell der Missverständnisse. (S. 122-132)
>
> **Schmitz, Walter,** Neun Thesen zu „Andorra". (S. 143-159)
>
> **Wysling, Hans,** Dramaturgische Probleme in Frischs „Andorra" und Dürrenmatts „Besuch der alten Dame". (S. 133-142)

Steinbach, Dietrich (Hg.), Materialien. Max Frisch. „Andorra". Ausgewählt und eingeleitet von Eberhard Hermes. Stuttgart 1979

***

Bänziger, Hans, Frisch und Dürrenmatt. Materialien und Kommentare. Tübingen 1987

Beckermann, Thomas (Hg.), Über Max Frisch. Frankfurt/M. 1971

Hage, Volker, Max Frisch mit Selbstzeugnissen und Bilddokumenten. Hamburg 1992

Lüthi, Hans Jürg, Max Frisch. Du sollst dir kein Bildnis machen. München 1981

Mayer, Hans, Über Friedrich Dürrenmatt und Max Frisch. Pfullingen 1977

Petersen, Carol, Max Frisch. Berlin ²1972

Stäuble, Eduard, Max Frisch. Ein Schweizer Dichter der Gegenwart. Auriswil ²1960

Stephan, Alexander, Max Frisch. München 1983

Weisstein, Ulrich, Max Frisch. New York 1967

***

Arnold, Heinz Ludwig, Max Frisch. Text + Kritik. Heft 47/48. München 1975

Biedermann, Marianne, Das politische Theater von Max Frisch. Lampertheim 1974

Gockel, Heinz Max, Frisch. Drama und Dramaturgie. München 1985

Jurgensen, Manfred, Max Frisch. Die Dramen. Bern ²1976

Knapp, Gerhard P. (Hg.), Max Frisch. Aspekte des Bühnenwerks. Bern 1979

Weise, Adelheid, Untersuchungen zur Thematik und Struktur der Dramen von Max Frisch. Göppingen 1969

***

Durzak, Manfred, Dürrenmatt. Frisch. Weiss. Deutsches Drama der Gegenwart zwischen Kritik und Utopie. Stuttgart ²1972

Geisser, Heinrich, Die Entstehung von Max Frischs Dramaturgie der Permutation. Bern 1973

Lengborn, Thorbjörn, Schriftsteller und Gesellschaft in der Schweiz. Eine Studie zur Behandlung der Gesellschaftsproblematik bei Zollinger, Frisch und Dürrenmatt. Frankfurt/M. 1972

Fulda-Merrifield, Doris, Das Bild der Frau bei Max Frisch. Freiburg 1971

Schuchmann, Manfred E., Der Autor als Zeitgenosse. Gesellschaftliche Aspekte in Max Frischs Werk. Frankfurt/M. 1979

Werner, Markus, Bilder des Endgültigen, Entwürfe des Möglichen. Zum Werk von Max Frisch. Bern 1975

Wintsch-Spieß, Monika, Zum Problem der Identität im Werk Max Frischs. Zürich 1965

***

Bernhard, Hans-Joachim u. a., Geschichte der deutschen Literatur von den Anfängen bis zur Gegenwart. Zwölfter Band. Berlin (Ost) 1983

Bienek, Horst, Werkstattgespräche mit Schriftstellern. München 1962

Demetz, Peter, Die süße Anarchie. Skizzen zur deutschen Literatur sein 1945. München 1973

Emmel, Felix[84], rororo Schauspielführer. Von Aischylos bis Peter Weiss. Hamburg ⁹1976

Franke, Hans-Peter u. a., Von 1945 bis zur Gegenwart. (Geschichte der deutschen Literatur). Stuttgart 1987

Geißler, Rolf (Hg.), Zur Interpretation des modernen Dramas: Brecht, Dürrenmatt, Frisch. Frankfurt/M. ⁹1978

Geulen, Hans, Max Frisch. Homo faber. Berlin 1965

---

84 fortgeführt von Karin Kathrein. Schauspielführer von Aischylos bis Botho Strauß. Hamburg 1985

Jenny, Urs, „Roßkur" In: Der Spiegel 13/1980. Hamburg

Melchinger, Siegfried, Geschichte des politischen Theaters 2. Frankfurt/M. 1974

Mittenzwei, Werner, Kampf der Richtungen. Strömungen und Tendenzen der internationalen Dramatik. Leipzig 1978

Payrhuber, Franz-Josef, Deutsches Gegenwartsdrama im Literaturunterricht der Sekundarstufe I. München 1978

Rosenberg, Alfred, Der Mythus des 20. Jahrhunderts. München 1931

Schäfer, Eduard, Lerngegenstand Literatur. In: Zeitschrift für Literaturwissenschaft und Linguistik 1977.

Silenius, Axel (Hg.), Vorurteile in der Gegenwart. Frankfurt/M. 1966